Muneaki Tsujii

Supervisado por Masami Miyamoto

Gramática

española

de nivel intermedio
Nueva **edición**

Editorial ASAHI

本文イラスト − メディア・アート
装丁 − 盛武義和、メディア・アート

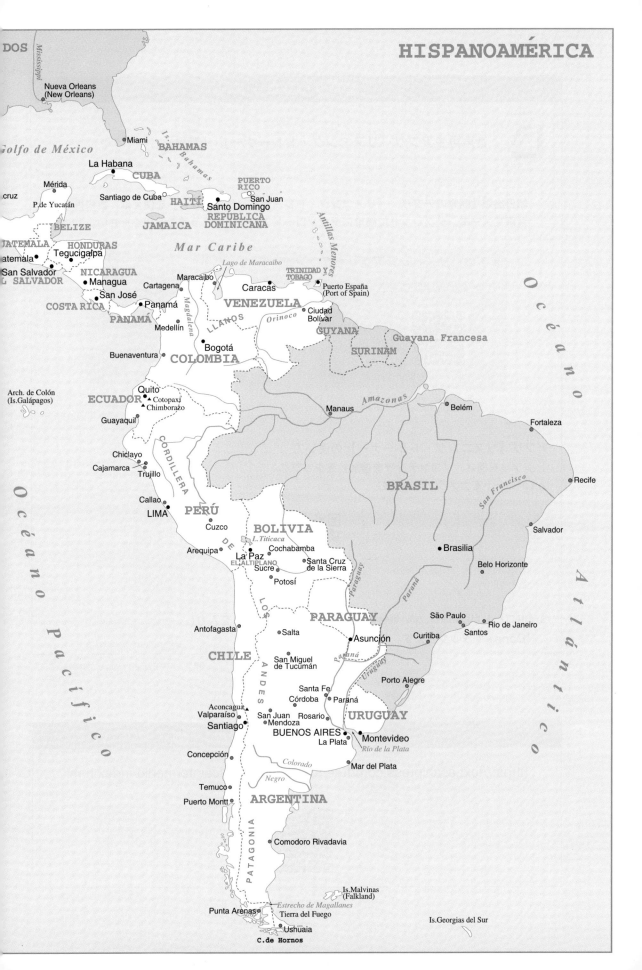

音声ダウンロード

 音声再生アプリ「リスニング・トレーナー」（無料）

朝日出版社開発のアプリ、「リスニング・トレーナー（リストレ）」を使えば、教科書の音声をスマホ、タブレットに簡単にダウンロードできます。どうぞご活用ください。

まずは「リストレ」アプリをダウンロード

≫ App Store はこちら　　≫ Google Play はこちら

アプリ【リスニング・トレーナー】の使い方
① アプリを開き、**「コンテンツを追加」**をタップ
② QRコードをカメラで読み込む

③ QRコードが読み取れない場合は、画面上部に 55139 を入力し「Done」をタップします。

QRコードは(株)デンソーウェーブの登録商標です

「Web ストリーミング音声」

https://text.asahipress.com/free/spanish/gramaticaintermedio/index.html

まえがき

　本書は、スペイン語の初級文法をひととおり終えた学習者を対象としています。扱っている内容は中級文法ですが、基礎も疎かにせず、初心者に難解と思える文法事項や重要な箇所は復習という形で扱っています。文法説明は、各項目の網羅的記述というより、日本語話者が主な用法を実際にどう使えばいいかという観点からの説明をしています。

　各課は3ページの文法説明と1ページの練習問題から成り、全体で14課です。したがって、一般的な30回の授業であれば、各課を2回かけてゆっくりと進むことができます。また、少し難易度の高い文法項目を集めた「文法補足I」「文法補足II」という単元も用意しました。練習問題も付いていますので、通常の課として扱うことも可能です。

　各課には Mini-diálogo が付いています。中級レベルらしく言葉遊びを扱った chiste（ジョーク）もありますので、言葉の面白さを味わっていただけたらと思います。これらは付属のCDにも収録されています。

　本書で使われている主な記号は次のとおりです。

[ ]　　：　省略可能であることを表します。

×　　：　文の始めに置いてあるものは、その文が不自然であることを表します。

<u>×</u>　　：　下線の上の×印は、そこには何も入らないことを表します。

▶　　：　但し書きや注意すべきことをあげています。

≠　　：　左右の項目（文など）の意味が異なっていることを表します。

≒　　：　左右の項目（文など）がほぼ同じ意味であることを表します。

／　　：　「あるいは（or）」を表したり、左右の項目の区切りとして用いています。

⇔　　：　左右の項目を対立させて比べるときに用いています。

(?...)　　：　括弧内の？を付した語は、当該の用法があまり一般的でないことを表します。

　最後に、本書を完成するにあたってはたくさんの人のお世話になりました。スペイン語のチェックには、関西外国語大学の Vicente Otamendi 先生のご協力を賜りました。Otamendi 先生には、Yolanda Fernández 先生とともにCDの録音にもご協力いただきました。ほんとうにありがとうございました。そして、執筆者を最後まで辛抱強く支えてくださった朝日出版社の山田敏之氏および関係者の方々にも深く御礼申し上げます。

2011年9月

著者

改訂にあたって

　新正書法に対応いたしました。練習問題は問題数を大幅に追加し、「基本問題」と「応用問題」に分けて、初級レベルの復習から段階的に取り組めるようにしました。また、文法説明本文については、読みやすくするために行間を広げ、従来の3頁から4頁構成にしました。

　なお、新たな練習問題の追加にあたり、関西外国語大学の Pilar Valverde先生にはスペイン語のチェックに加えて有益な提案をしていただきました。ありがとうございました。また、細やかな配慮をしていただきました朝日出版社の山中亮子氏や関係の方々にも心から感謝いたします。

2022年8月

著者

目　　次

Lección 1 　名詞・形容詞

1 名詞　2 形容詞

1 名詞

1-1 名詞の種類

1) 可算名詞

普通名詞：一定の形や数量をもつもの　　libro, camisa, lápiz, amigo, euro, estudiante

集合名詞：同種類の集合を意味するもの　familia, grupo, rebaño, tropa, gente, equipo

2) 不可算名詞

抽象名詞：形をもたず性質・状態・動作などをあらわすもの

　　　　　　　　　　amor, hambre, sed, éxito, tiempo, dificultad, calor, frío

物質名詞：形はあるがそれが一定でないもの

　　　　　　　　　　agua, aire, sal, pan, leche, vino, café, dinero, luz

固有名詞：地名・人名など唯一的に存在するもの

　　　　　　　　　　Juan, El Greco, Osaka, Valladolid, Japón

1-2 名詞の数（単数 / 複数）

1) 単複同形の名詞

2音節以上で無強勢の母音+s / +xで終わるもの：lunes, oasis, virus, tesis, fénix, clímax

▶2番目の要素がすでに複数形をとっている複合名詞も同様：abrir + latas → (el / los) abrelatas

(el / los) cortaúñas　cumpleaños　paraguas　pararrayos　espantapájaros　lavaplatos

(el / los / la / las) matasanos　　guardaespaldas　limpiabotas

▶ただし、2番目の要素が単数形をとっているものは単数・複数の区別がある。

el girasol / los girasoles　　el parasol / los parasoles　　el portavoz / los portavoces

el guardameta / los guardametas（女性の場合：la guardameta / las guardametas）

2) 複数形で使われる名詞：tijeras, gafas, afueras, matemáticas, zapatos, guantes

▶ただし、片方を指す場合には単数形もありうる：Se me ha perdido **un zapato/un guante**.

3) 名詞の種類と数

a. 可算名詞（単数 / 複数）

Hay **un libro**. → Hay **muchos libros**.　　Tengo **una amiga**. → Tengo **muchas amigas**.

▶集合名詞は通常単数（ひとつの集団）であるが、ふたつ以上あれば複数形：

Hoy se reúnen **cinco familias**.　　Aquí hay **muchos equipos** de fútbol.

2

b. 不可算名詞（単数のみ）

Hay vino. → Hay **mucho vino**.　　Tengo hambre. → Tengo **mucha hambre**.

c. 不可算名詞から可算名詞への転換

En el mundo hay **muchos vinos**.　　¡**Dos cafés**, por favor!

Allí se ven **dos luces**.　　　　　Hemos tenido **muchas dificultades**.

1-3 名詞の性（男性 / 女性）

名詞の性の区別には、自然性や語尾（男性：-o, -or, -aje、女性：-a, -dad, -sión, -ción, -tad, -tud, -dumbreなど）以外に、次のようなものがある。

1) 語根が異なっている名詞

　　el caballo / la yegua　　el toro / la vaca　　el gallo / la gallina　　el carnero / la oveja

2) 総称（ひとつの種族や種類全体を表現）する場合は通常男性形

　　el hombre / la mujer（「人間」→ **el hombre**）

　　el gato / la gata（「（一般的な）猫」→ **el gato**）

　　El hombre es un ser social. / **El perro** ladra, **el gato** maúlla y **el pato** grazna.

　　▶女性形の総称：el toro / la vaca（「牛」→**la vaca**）　el gallo / la gallina（「鶏」→ **la gallina**）

　　　　el carnero / la oveja（「羊」→ **la oveja**）　el palomo / la paloma（「鳩」→**la paloma**）

　　　　Las gallinas tienen alas, pero no vuelan.　　**La paloma** es un símbolo de la paz.

3) 河川、海、大洋、湖、山の名の多くは男性名詞

　　河川：el Tajo（＜el **río** Tajo）　　海：el Mediterráneo（＜el **mar** Mediterráneo）

　　大洋：el Atlántico（＜el **Océano** Atlántico）　　湖：el Titicaca（＜el **lago** Titicaca）

　　山、山脈：el Everest（＜el **monte** Everest）

4) 樹木（男性）とその果実（女性）

　　el naranjo ⇔ la naranja　　el manzano ⇔ la manzana　　el olivo ⇔ la oliva

　　el cerezo ⇔ la cereza　　el almendro ⇔ la almendra　　el castaño ⇔ la castaña

　　▶ただし、el limonero（木）⇔ el limón（果実）　el melocotonero（木）⇔ el melocotón（果実）

5) 機関、学問とそれに従事する人（男性／女性）

　　la policía（警察）{ el policía（男性警察官） / la policía（女性警察官）}　　la física（物理学）{ el físico（男性物理学者） / la física（女性物理学者）}

② 形容詞

2-1 形容詞の語尾変化のまとめ

名詞 ＼ 形容詞	-o **alto**	-o 以外の母音 **amable**	-子音 **fiel**	地名形容詞 **español**	-or, -án, -ón, -ín **hablador**
chico	alto	amable	fiel	español	hablador
chica	alta	amable	fiel	española	habladora
chicos	altos	amables	fieles	españoles	habladores
chicas	altas	amables	fieles	españolas	habladoras

▶ただし、mejor, peor, mayor, menor は男女同形

2-2 複数の名詞との一致

una falda y una camisa **nuevas**　　＜女・単＋女・単＋形容詞 (女性複数)＞

un libro y una película **españoles**　＜男・単＋女・単＋形容詞 (男性複数)＞

los pies y las manos **pequeños**　　＜男・複＋女・複＋形容詞 (男性複数)＞

▶los pies y las manos **pequeñas** ＜最後の名詞の性に合わせる場合もある＞

2-3 形容詞の位置

1) 位置によって意味が変わる形容詞

　a. 前置（主観的・抽象的意味）⇔ 後置（客観的・具体的意味）

　　pobre chico ⇔ chico **pobre**　　　　**gran** hombre ⇔ hombre **grande**

　　nueva casa ⇔ casa **nueva**　　　　　**triste** cosecha ⇔ historia **triste**

　　viejo amigo ⇔ amigo **viejo**　　　　**alto** funcionario ⇔ funcionario **alto**

　b. 前置（数量的意味）⇔ 後置（非数量的・本来的）意味

　　cierta noticia ⇔ noticia **cierta**　　　**numerosas** clases ⇔ clases **numerosas**

　　diferentes opiniones ⇔ opiniones **diferentes**

2) 制限用法・非制限用法と位置

　a. 制限用法（後置）と非制限用法（前置）

　　En esta clase hay unos estudiantes **inteligentes**.（制限用法）

　　David, siempre que ocurre algo, habla con su **cariñosa** esposa.（非制限用法）

　　El matrimonio tiene dos hijos: un varón y una mujer. El hijo estudia en

　　la universidad y la **hermosa** hija es modelo.（非制限用法）

　b. 名詞のもつ属性を強調する場合（非制限用法）

　　la **blanca** nieve　　las **mansas** ovejas　　la **dulce** miel

4

2-4 形容詞の機能

1) 述部形容詞

Estas casas son **bonitas**. La profesora está **enferma**. （主格補語：ser/estar ＋ 形容詞）

2) 補語形容詞

María duerme **tranquila**. La mujer lloró **desesperada**. （主格補語：自動詞 ＋ 形容詞）

▶ ただし、主語の属性ではないと考えられる場合、形容詞は不変化。María habla muy **alto**.

Los consideraba tontos.

（目的格補語：creer, ver, encontrar, considerar, juzgar, dejar ＋ 目的語 ＋ 形容詞）

Mini-diálogo

(*En una cafetería*)

— Me apetece café.

— A mí también. ¿Pedimos café con leche?

— Sí, por favor.

— ¡Dos cafés con leche, por favor!

1 次の語を冠詞も含めて複数形にしなさい。

1) el lunes ⇔ _____

2) un japonés ⇔ _____

3) un cortaúñas ⇔ _____

4) el lavaplatos ⇔ _____

5) un espantapájaros ⇔ _____

6) un matasanos ⇔ _____

7) un mes ⇔ _____

8) una tesis ⇔ _____

2 下線には定冠詞を付けたスペイン語を、（　）には対応する日本語を入れなさい。

〈 樹 木 〉	⇔	〈 果 実 〉
1) ___el olivo___ （ オリーブの木 ）	⇔	_____ （ オリーブの実 ）
2) ___el cerezo___ （　　　　）	⇔	_____ （　　　　）
3) _____ （ りんごの木 ）	⇔	_____ （ りんごの実 ）
4) _____ （　　　　）	⇔	___la castaña___ （ 栗の実 ）
5) _____ （　　　　）	⇔	___la naranja___ （　　　　）

3 次の名詞の反対の性の名詞を答えなさい。

1) la esposa ⇔ _____

2) la vaca ⇔ _____

3) un zorro ⇔ _____

4) el médico ⇔ _____

5) el gallo ⇔ _____

6) el caballo ⇔ _____

7) el carnero ⇔ _____

8) una policía ⇔ _____

4 （　）内の形容詞を名詞に一致させて下線に書き入れなさい。

1) las cigarras (holgazán) _____

2) las actrices (joven) _____

3) una familia (ideal) _____

4) las ciudades (andaluz) _____

5) las parejas (feliz) _____

6) la liga (holandés) _____

7) las personas (comilón) _____

8) una niña (hablador) _____

9) una chica (preguntón) _____

10) un partido (comunista) _____

5 （　）内の語句を適切に変化させて下線に書き入れなさい。

1) Como mis padres no tenían tiempo para comer, llegaron (hambriento) _____ a casa.

2) Hubo un gran terremoto, pero sus casas quedaron (intacto) _____ .

3) La abuela duerme (tranquilo) _____ en el sofá.

4) Isabel, como es de un pueblo que está lejos de aquí, ahora vive (solo) _____ .

5) Mis alumnas me saludaron (alegre) _____ .

1 例にならって、下線に＜**mucho (-a, os, as) + 名詞**＞を入れて答えなさい。

> 例）Estoy aburrido. (libro) — Entonces te voy a traer ___muchos libros___ .

1) Tengo sed. (agua) — No te preocupes. Hay _____ .

2) ¿Por qué no puedo salir sin abrigo? (frío) — Porque hace _____ .

3) ¡Qué hambre! (pan) — No te preocupes. Hay _____ .

4) ¡Aquí huele muy bien! (flor) — No me extraña. Es que hay _____ .

5) Me gustaría pertenecer a algún club. (grupo) — ¡Buena idea! Aquí hay _____ .

6) Todavía no juego bien al tenis. (tiempo) — Ten paciencia. Tenemos _____ .

7) Déjame invitarte. (dinero) — No, no, pago yo, que hoy yo tengo _____ .

8) Estoy solito. (amigo) — No digas tonterías, que tienes _____ .

2 次の語を冠詞も含めて単数形は複数形に複数形は単数形にしなさい。

1) la crisis ⇔ _____

2) los martes ⇔ _____

3) el análisis ⇔ _____

4) unos meses ⇔ _____

5) el portavoz ⇔ _____

6) un girasol ⇔ _____

7) el paraguas ⇔ _____

8) los cumpleaños ⇔ _____

3 次の語句を太字で示した形容詞の位置に注意して日本語訳しなさい。

1) **numerosas** familias : _____ ≠ familias **numerosas** : _____

2) un **pequeño** regalo : _____ ≠ un regalo **pequeño** : _____

3) **triste** cosecha : _____ ≠ historia **triste** : _____

4) la **única** obra : _____ ≠ una obra **única** : _____

4 （　　）内の語句を<u>必要に応じて</u>変化させなさい（変化しない可能性もある）。

1) ¿Se casaron el príncipe y la princesa? — Sí, y vivieron _____ . (feliz)

2) ¿Cómo trabaja María? — Trabaja _____ . (duro)

3) Hacía tanto calor que anduvimos _____ por la playa. (descalzo)

4) A veces no entiendo a algunas españolas porque hablan _____ . (rápido)

5) ¿Cómo pasan los niños las Navidades en Japón?

　　 — Van a la cama temprano esperando _____ la llegada de Papá Noel. (impaciente)

6) ¿Cómo juegan los de ese equipo? (limpio) — Juegan _____ .

7) Tenía mucho miedo porque los soldados golpearon _____ la puerta (fuerte).

8) Sus ojos brillaban _____ en la oscuridad. (enorme)

Lección 2　冠詞の用法

> **1** 名詞が初出のとき　**2** 名詞が既出のとき　**3** 総称の表現　**4** 唯一物・身体名詞・日常的な身の周りの存在物　**5** 可算名詞と不可算名詞の転換　**6** 中性定冠詞 lo の用法　**7** その他の用法

1 名詞が初出のとき

初出：話し手だけが知っていて聞き手が知らないであろうと思われる対象を指す名詞や、話し手にとっても不定である名詞をはじめて対話の場面に登場させる場合。

1-1 主語で可算名詞の場合＜単数：un / una、複数：×, unos / unas＞

Mañana me visita __una__ chica.　　Me llamaron la atención __unos__ cuadros.

En esta librería se venden __×__ libros españoles.（疑似目的語）

1-2 主語で不可算名詞の場合 ＜単数：el / la, ×＞

__La__ verdad es que todavía te quiero mucho.　　__El__ tiempo me ha pasado volando.

Aquí se vende __×__ pan.（疑似目的語）

1-3 直接目的語で可算名詞の場合 ＜単数：un / una、複数：× (unos / unas)＞

Ayer compré __una__ camisa.　　Algún día voy a comprar __una__ casa con piscina.

Me gusta escribir __×__ cartas.　　¿Qué llevas en esa maleta? — Llevo __×__ relojes.

▶unos / unas は「いくつかの」という意味を積極的に表したい場合に使用する。

¿Qué llevas en ese bolso? — Llevo __unos__ relojes. Hoy voy a escribir __unas__ cartas.

1-4 直接目的語で不可算名詞の場合 ＜×＞

Ellos lograron __×__ éxito. Si tienes __×__ hambre, come __×__ pan.

Papá me dio __×__ dinero. Hoy hace __×__ calor.

これらに形容詞などの修飾語が付くと、「普通ではない」「特別な」を含意し、不定冠詞が付く。

Mi hijo tiene __un__ hambre tremenda. Hace __un__ calor insoportable.

② 名詞が既出のとき

既出：述べようとする名詞がすでに文脈中に出ていたり、状況から話し手・聞き手ともに知っていると思われる場合。

2-1 主語で可算名詞の場合 ＜単数：el / la、複数：los / las＞

Le he regalado una camisa y una falda, pero **la camisa** le queda grande.

Profesor, ¿sabe usted que hoy llegan tarde **los alumnos** de la clase B?

2-2 主語で不可算名詞の場合 ＜単数：el / la＞

Mamá, en el supermercado he comprado pan. — Gracias. Y ¿dónde está **el pan**?

2-3 直接目的語で可算名詞の場合＜単数：el / la、複数：los / las ＞

He perdido un reloj y un anillo. He encontrado **el anillo**, pero **el reloj** no.

Ayer compré **los libros** de que hablamos el otro día.

2-4 直接目的語で不可算名詞の場合 ＜ el / la ＞

Mamá, he comprado carne. — Gracias. Y ¿dónde has puesto **la carne**?

Como me han robado la cartera, voy a trabajar para recobrar **el dinero** perdido.

③ 総称の表現

総称：ひとつの種全体の表し方（「～というもの」）

3-1 可算名詞 ＜＋単数定冠詞・複数定冠詞・単数不定冠詞＞

¿Quién inventó **el teléfono** móvil?

Los perros son más inteligentes que **los gatos**.

El perro es más inteligente que **el gato**.

Un perro es más inteligente que **un gato**.

▶un / una が総称主語として使われるには、主に ser 動詞文や未完了時制でなければならないなど制約が多い。

3-2 不可算名詞 ＜＋単数定冠詞＞

La salud es más importante que nada en este mundo.

No me gusta **el calor**.

4 唯一物・身体名詞・日常的な身の周りの存在物

El sol sale por **el este**.　　Cierra **los ojos**, por favor.

¿Por qué has llegado tarde? — Perdona, es que se me ha estropeado **el coche**.

▶ 通常定冠詞をとる名詞が、修飾語が加わって「普通ではない」「特別な」を含意すると不定冠詞がつけられる（形容詞限定）。

¡Marta tiene **unos ojos** muy bonitos!

Los turistas paseaban bajo **un sol** radiante y **un cielo** luminoso.

5 可算名詞と不可算名詞の転換

5-1 可算名詞（普通名詞）⇒ 不可算名詞（抽象名詞：その種類の代表や概念）

Allí había **una casa**.　　⇒　Estoy buscando **× casa**.

Ayer compré **un móvil**.　　⇒　¿Tienes **× móvil**?

5-2 不可算名詞（物質名詞・抽象名詞）⇒ 可算名詞（普通名詞）

Voy a tomar **× café**.　　⇒　He pedido **un café**.（dos cafés, tres cafés...）

El señor Sánchez ha tenido **la amabilidad** de recibirnos en su oficina.

⇒ Gracias por **las amabilidades** que has tenido conmigo.

6 中性定冠詞 lo の用法

6-1 形容詞の名詞化

Lo más importante es no decir nada.　　No me gusta **lo picante**.

Desde **lo alto** de la montaña, se domina toda la ciudad.

6-2 対談者の了解事項

Vamos a hablar de **lo de ayer**.　　Me sorprendió mucho **lo de tu hermano**.

6-3 慣用句

Compré mucho, **por lo tanto** me quedé sin dinero.　　A mí me **da lo mismo**.

No te vayas, **por lo que más quieras**.　　Aquí hay **por lo menos** 50 000 libros.

Por lo visto tiene unos 40 años.　　**A lo lejos** se ve mi pueblo natal.

▶ ＜lo ＋形容詞 / 副詞 ＋ que ＋動詞＞は、文法補足 II の2.1. 2)〜3)を参照

7 その他の用法

7-1 定冠詞

1) 敬称・肩書き

El Sr. García ahora está de viaje.　Me gustaría hablar con **la** profesora Hoyos.

▶ただし、呼びかけには定冠詞は付かない。Buenas tardes, ✕ **Sr. Otamendi**.

2) 限定された固有名詞

Me interesan los escritores de **la** España del siglo XVIII.

7-2 無冠詞

1) **ser +** 主格補語（職業・身分など）

¿Qué hace tu padre? — Es ✕ **médico**.　Enrique es ✕ **estudiante**.

▶ただし、**修飾語**が付くと不定冠詞が付く（形容詞限定）。

El Sr. García es **un médico** muy famoso.

2) 説明的な同格

Tokio, ✕ capital de Japón, tiene unos 13 000 000 de habitantes.

3) 「種類」を表す **de**、「付随（～付き）」の **con**、「交通手段」を表す **en**

Aquí se vende ropa **de** ✕ niño.　Me han regalado un abrigo **de** ✕ lana.

Quiero tomar café **con** ✕ leche.　¿Tú vas **en** ✕ moto? Yo voy **en** ✕ bici.

▶ただし、限定されると冠詞が必要：Mañana voy en **el** coche que me has prestado.

7-3 como + 無冠詞 + 名詞「～として」、como + 定冠詞／不定冠詞 + 名詞「～のように」

Mi compañero se presentó al tribunal como ✕ testigo.

Quiero vivir en Madrid como **el** tío de Juan.　Él es valiente como **un** león.

Mini-diálogo

Un chiste

(Dos tontos se encuentran en la calle.)

— ¿Qué tienes en esa bolsa?

— Pollitos.

— Si acierto cuántos llevas, ¿puedo quedarme con uno?

— Si aciertas, puedes quedarte con los dos.

— Bueno, pues ... ¡cinco!

11

1 下線に適切な定冠詞か不定冠詞のいずれかを書き入れなさい。

1) ¿Qué tienes en el bolsillo? — Pues nada, solo tengo _____ pañuelo.

2) _____ perros y _____ gatos son las mascotas más populares en Japón.

3) _____ salud es más importante que nada.

4) En mi bolso tengo _____ boli y _____ móvil.

　　 — _____ móvil es mío, pero _____ bolí es de _____ tía Matilde.

5) ¿Sabes que _____ sol sale por el este?

6) En Japón creemos que en _____ luna viven conejos.

7) ¿Miguel no tiene familia? — Sí, sí. Tiene _____ hermana.

8) Ayer me compré _____ zapatos para asistir a una fiesta.

　　 — ¿De qué color son _____ zapatos?

　　 — Marrones.

9) Quisiera hablar con _____ señor Martínez.

10) ¿Te gusta más el móvil azul o el rojo? — A mí me da _____ mismo.

2 下線に適切な冠詞を書き入れ、無冠詞の場合は✕を書き入れなさい。

1) ¿Con quién vas al concierto? ¿Con _____ amigos de siempre?

2) ¿Qué hace la gente en la biblioteca? — Pues, lee _____ libros.

3) ¿Con quién fuiste al concierto? — Con _____ madre de mi novio y _____ amiga suya.

4) ¿Tienes _____ hermanos? — No, no tengo _____ hermanos.

5) _____ pobreza es la raíz de esta catástrofe.

6) Emilio es _____ médico, ¿no? — Sí, es _____ médico muy famoso.

7) ¿A ti te gusta el té japonés? — No, es que no me gusta _____ amargo.

8) Generalmente los europeos comen _____ pan y los japoneses comemos _____ arroz.

9) ¿En Japón hace _____ calor en verano? — Sí, en agosto hace _____ calor insoportable.

10) Esta sopa está sosa. Por favor, ¿hay _____ sal?

11) Señor Papá Noel, ¿qué lleva usted en esa bolsa grande?

　　 — Pues, _____ regalos para _____ niños de todo el mundo.

12) Yo voy a tomar leche.

　　 — ¿No tomas _____ cerveza?

　　 — Es que no tengo _____ sed.

応用問題

1 友達の **Luis** が昨日の出来事について話してくれました。下線に適切な冠詞や無冠詞（✕）を書き入れなさい（**al, del** の可能性もあります）。

Ayer fui a ver _____ película _____ centro de _____ ciudad. Iba a ir en _____ taxi, pero como había un atasco en _____ calles, me desplacé en _____ tren. Cuando llegué a _____ estación _____ centro, como tenía _____ tiempo, entré en _____ cafetería cerca de _____ estación. En _____ cafetería solamente había _____ barra y _____ mesas. Pedí _____ café y mientras esperaba, me habló _____ señor:

— Hola, _____ Luis, ¿qué tal? Era _____ tío Pepe.

— ¡Ah, _____ tío Pepe! ¿Cómo estás? Pero, ¿qué haces aquí?

— Nada, que ayer vine a comprarme _____ ropa y, recorriendo todo _____ barrio, por fin encontré _____ chaqueta muy bonita. Me gustó muchísimo. Pero había _____ dos de distinto color: _____ era blanca y _____ otra, azul. Después de pensar un poco me quedé con _____ primera, y ya en _____ casa me la probé. Entonces me di cuenta de que no tenía _____ corbatas que quedaran bien con ella. Por eso he vuelto a comprarme una.

_____ tío Pepe, cuando empieza a hablar, no para. Cuando salí de _____ cafetería, ya eran _____ seis. Así que ya había empezado _____ película. Como tenía _____ hambre, para _____ cena compré _____ pan y _____ carne y _____ melón en _____ supermercado que había cerca y me marché a _____ casa.

2 下線に適切な冠詞や無冠詞（✕）を書き入れなさい（**al, del** の可能性もあります）。

1) Mucho gusto en conocerle, señor. Le voy a acompañar como _____ guía.

2) ¡Ese equipo de fútbol se entrenó bajo _____ sol maravilloso en Andalucía!

3) En Valladolid hay _____ vino muy bueno que se llama Vega Sicilia.

4) En este libro se describe la vida cotidiana de _____ Segovia del Siglo de Oro.

5) Madrid, _____ capital de España, es un centro cultural muy influyente.

6) De todas formas vamos a hacer _____ necesario.

7) ¿Qué hay entre una estación y otra en el centro de Osaka? — Pues _____ casas.

8) ¿Quién es Emilio? — Emilio es _____ médico del que te hablé el otro día.

9) Ayer fui _____ cine con _____ familia.

   — ¿Qué piensas de _____ película?

   — Es estupenda.

10) Me han dicho que te molesté mucho. Es que no recuerdo casi nada _____ de ayer.

Lección 3　人称代名詞・副詞

① 主格人称代名詞

1-1 主格人称代名詞を明示する場合（基本は省略する）

Ninguno de mis amigos va, pero **yo** voy.　　**Ellas** van en coche y **nosotros**, a pie.

Mañana nos visitan Carlos y Ada.　**Ella** va a venir con su niñito.

¿Cómo está **usted**, profesor?　　Póngase **usted** la chaqueta.

Juan dijo que tenía 20 años.（原則として tenía の主語は Juan）

└──➡ Juan dijo que **él** tenía 20 años.（él ≠ Juan）

1-2 tú と usted：usted は目上の人に、tú は次のような場合に使われる。

Papá, cómprame una bici.（親しい間柄）

Padre nuestro, que estás en el cielo.（神に対して）

Si entras sin permiso, te van a castigar.（一般的な「人」の意味で：不定主語の tú）

▶若い人の間では初対面から tú で話す (tutear / hablar de tú) ことが多い。

② 目的格人称代名詞（直接目的格・間接目的格）

2-1 位置

1) 不定詞や現在分詞と使われるとき

Juan quiere decír**melo**.　　→　　Juan **me lo** quiere decir.

Juan está esperándo**me**.　　→　　Juan **me** está esperando.

　▶人称代名詞の前後の移動が可能な動詞句：

　　<＋ 不定詞>：ir a, comenzar a, empezar a, pensar, tener que, deber (de), poder,
　　　　　querer, saber

　　<＋ 現在分詞>：andar, continuar, estar, ir, quedar, seguir など

　▶ふたつの目的語を動詞句の前後に振り分けて置くことはできない：×Juan **me** quiere decir**lo**.

2) 命令文

Dí**selo**.　　　　No **se lo** digas.

3) 不定詞や現在分詞しかない場合

Al ver**me**, María se puso a llorar.　　Viéndo**lo** bien, no es tan caro.

2-2 直接目的格人称代名詞

1) 他動詞と共に使われて、行為の直接的な対象を表す（「～を」）。

Manolo escribió una carta y después **la** rompió.

2) 中性の **lo**

a. 前出の文全体を受ける。

A Isabel le dolía la cabeza, pero no me **lo** dijo.

b. 繋辞動詞 (ser, estar) の叙述補語として

¿Eres chilena? — Sí, **lo** soy.　Parece tonto, pero no **lo** es.

¿Están ustedes cansadas? — No, no **lo** estamos.

c. 慣用表現 (pasarlo bien / pasárselo bien)

¿Cómo [te] **lo** pasaste en las vacaciones?　¡[Me] **lo** pasé genial!

3) **leísmo**（スペイン北中部の用法）

¿Buscas a Juan? — Sí, **le** busco.（原則は **Lo** busco.）

¿Esperáis a Juan y Pedro? — Sí, **les** esperamos.（原則は **los** esperamos.）

2-3 間接目的格人称代名詞

1) 動作が行われる方向を表す（「～に」）。

Jorge **me** mandó una invitación.

2) 所有・利害を表す。

Le hemos cortado el pelo.　　Carlos **me** quitó el abrigo.

Me han robado la cartera.　　Tu mamá va a lavar**te** las manos.

Por favor, ¿puede usted sacar**nos** una foto?　　**Nos** apagaron la tele.

3) 関与を表す。

a. 責任回避や非意図的行為

Se **me** rompió el plato.（⇔ Rompí el plato.）

Se **me** ha perdido la cartera.（⇔ He perdido la cartera.）

¿Se **te** ha olvidado su nombre?（⇔ ¿Has olvidado su nombre?）

b. 心理的な関与

Se **le** murió el marido.　　Estoy triste porque se **me** ha casado mi hija.

3 前置詞格人称代名詞（再帰代名詞 sí）

Yo pensaba en mí [mismo] y mi hermana pensaba en **sí** [misma].

¿Con quién está enfadada Carmen? — Está enfadada **consigo** [misma].

4 重複表現

（直接目的語）	（間接目的語）

Busco a María. → （× **La** busco <u>a María</u>.)　　Escribí a María. → **Le** escribí <u>a María</u>.

<u>A María</u> **la** busco.　　　　　　　　　　　　<u>A María</u> **le** escribí.

（× Busco a ella.) → **La** busco (a ella).　　（× Escribí a ella.) → **Le** escribí (a ella).

<u>A ella</u> **la** busco.　　　　　　　　　　　　<u>A ella</u> **le** escribí.

5 再帰代名詞の位置 (2-1. 1)を参照)

Juan quiere lavar**se** la cara.　　→　　Juan **se** quiere lavar la cara.

Juan está lavándo**se** la cara.　　→　　Juan **se** está lavando la cara.

6 副詞

6-1 副詞の種類

時の副詞：hoy, ahora, antes, después, ya, siempre, tarde, temprano, entonces など。

場所の副詞：aquí, ahí, encima, delante, detrás, arriba, cerca, lejos など。

様態・方法の副詞：bien, mal, así, pronto, despacio, solo や -mente 副詞。

数量の副詞：mucho, tan(to), bastante, demasiado, poco, más, menos など。

疑惑・肯定・否定の副詞：quizá, tal vez, sí, también, no, nunca, nada, tampoco など。

6-2 副詞の機能と位置

1) 形容詞・他の副詞・前置詞句を修飾する（前置）

Este ordenador es **muy** bueno.　　Su casa es **verdaderamente** buena.

Mi primo habla español **muy** bien.　　El alumno llegó **bastante** tarde.

La ropa de Zara está **muy** de moda.　　No me hables **tan** de repente.

2) 動詞（句）を修飾する（動詞句副詞：一般的には動詞句の後ろに置かれる）

Carmen baila **bien**.　　　　Emilia va a beber **mucho**.

▶目的語がある場合には、その前後のどちらでもよい。

El chico rompió **fácilmente** la puerta.　　El chico rompió la puerta **fácilmente**.

▶副詞を強調する場合に動詞の前に置かれることがある。

Bien sabes que tu madre trabaja hasta muy tarde.　　**Mucho** estudian sus hijos.

3) 文全体を修飾する（文副詞：文頭が一般的。文末、特に文中に置かれる場合には普通
コンマが必要）

Seguramente Ana aprobó el examen.　⎰Ana, **seguramente**, aprobó el examen.
　　　　　　　　　　　　　　　　　　　⎱Ana aprobó el examen, **seguramente**.

4)「時」や「場所」の副詞の位置は比較的自由である。

Ayer/Ahí dejé la llave.　　Dejé **ayer/ahí** la llave.　　Dejé la llave **ayer/ahí**.

Mini-diálogo

— ¡Vamos! ¡Date prisa, Ramón!
— No me puedo levantar.
— ¿Te encuentras mal?
— No, es que se me han dormido las piernas.

1 次の下線を施した目的語を代名詞に替え、2種類の語順で答えなさい。

　　1) ¿Quieres saber <u>el resultado</u>?　— Sí, _____.
　　　　　　　　　　　　　　　　　　　　— Sí, _____.

　　2) ¿Sigues estudiando <u>español</u>?　— Sí, _____.
　　　　　　　　　　　　　　　　　　　　— Sí, _____.

　　3) ¿Está usted escribiendo <u>una carta</u> <u>a sus padres</u>?　— Sí, _____.
　　　　　　　　　　　　　　　　　　　　　　　　　　　　　— Sí, _____.

　　4) ¿Vas a decirme <u>tu secreto</u>?　— No, _____.
　　　　　　　　　　　　　　　　　　　— No, _____.

2 次の下線を施した目的語を代名詞に替えて（　　）内の人称の命令文で答えなさい。

　　1) Oye, Gerardo, ¿puedo abrir <u>las ventanas</u>? (tú)　— Sí, _____.

　　2) Por favor, profesora, ¿puedo lavarme <u>las manos</u>? (tú)　— Sí, claro, _____.

　　3) Señor, ¿le digo <u>a usted</u> la verdad? (usted)　— Sí, _____.

　　4) ¿Le digo al profesor <u>lo que ocurrió</u>? (tú)　— No, _____.

　　5) ¿Dónde te esperamos? (vosotros)　— _____ en la puerta principal.

3 下線に所有・利害を表す間接目的格人称代名詞を入れ、文を完成させなさい。

　　1) ¡Dios mío! ¿_____ han robado el pasaporte?
　　　　君はパスポートを盗まれたのか。

　　2) El dentista _____ quitó una muela.
　　　　私は歯医者に歯を抜いてもらった。

　　3) Delante de la Catedral _____ sacaron una foto.
　　　　私達は大聖堂の前で写真を撮ってもらった。

　　4) Tengo una niña y a veces _____ lavo las manos.
　　　　私には娘がいて、時々手を洗ってあげます。

　　5) Ayer el médico _____ miró la garganta.
　　　　昨日、私は医者に喉を診てもらった。

4 下線に「関与」を表す間接目的格人称代名詞を入れ、文を完成させなさい。

　　1) ¡Cuidado, Ana, que se _____ cae la cartera!　　気をつけてアナ。財布が落ちるよ。

　　2) Es que se _____ ha olvidado la contraseña.　　僕達はパスワードを忘れてしまったんだ。

　　3) Estoy triste porque se _____ ha muerto Oso, mi perro.　　犬のオソに死なれて僕は寂しい。

　　4) Se _____ cumplieron todos los sueños.　　彼らはあらゆる夢が叶った。

　　5) Ya se _____ acabó el amor.　　もう私の恋は終わってしまったの。

　　6) Llegó tarde porque se _____ escapó el autobús.　　彼はバスに乗り遅れて遅刻した。

18

応用問題

1 下線に適切な主格人称代名詞を一語入れなさい。なお、必要のない場合には×を入れなさい（文頭にくる可能性のある語の頭文字も小文字で示してあります）。

1) ¿De dónde es Joaquín? — ＿＿＿＿＿ es de Paraguay.
2) Hola, Santi. ¿Sales con tu mujer? ¿A dónde vais?
   — ＿＿＿＿＿ voy a la oficina, y ＿＿＿＿＿, de compras.
3) ¿Quién va a ayudarla? — Voy a ayudarla ＿＿＿＿＿.
4) David estudia Informática. — ¿Sí? A mí me ha dicho que ＿＿＿＿＿ estudia Derecho.
5) Su padre ha salido a veranear. Y ¿no sale ＿＿＿＿＿ de viaje?
   — No, no puedo porque estoy ocupado.
6) Llaman a la puerta. Ve a ver quién es. — No, tengo miedo. Ve ＿＿＿＿＿.

2 例にならって「関与」を表す間接目的格人称代名詞を使って答えなさい（時制は現在完了形に限ります）。

> 例）¿Por qué quieres hablar con el profesor? (olvidar la fecha del examen)
>   — Es que se me ha olvidado la fecha del examen.

1) ¿No le llamas? (romper el móvil) — Es que ＿＿＿＿＿＿＿.
2) ¿Estás cansado? (acabar la energía). — Sí, hoy ya ＿＿＿＿＿＿＿.
3) ¿La ceremonia de graduación ha sido muy emotiva, ¿no? (saltar las lágrimas)
   — Sí, ＿＿＿＿＿＿＿.
4) ¿Has oído a Misia cantar el himno nacional? (poner la piel de gallina)
   — Sí, ＿＿＿＿＿＿＿.
5) ¿No puedes entrar en casa? (perder las llaves) — No, porque ＿＿＿＿＿＿＿.
6) Parecen ustedes muy tristes. (morir el pajarito) — Es que ＿＿＿＿＿＿＿.

3 例にならって「所有・利害」を表す間接目的格人称代名詞を使った文で答えなさい。

> 例）Quiero ir a la peluquería. (cortar el pelo) — Yo te certo el pelo.

1) ¡Tengo muchísimo calor! (quitar el abrigo) — (Yo) ＿＿＿＿＿＿＿＿＿.
2) Pepe trabaja como vendedor de coches. (querer comprar uno) — Mi tío ＿＿＿＿＿.
3) Por la herida me cuesta ducharme (lavar la cabeza). — Tu madre ＿＿＿＿＿＿＿.
4) Unos alumnos míos tosen mucho. (ir a mirar la garganta) — El médico ＿＿＿＿＿.
5) Necesito preparar un currículum vitae. (sacar una foto) — Yo ＿＿＿＿＿＿＿.
6) Mi padre no encuentra su dinero. (haber robado la cartera) — Igual ＿＿＿＿＿＿＿.

4 副詞の位置として最も一般的なものはどこか。その記号を答えなさい（文頭にくる可能性のある語も小文字で示してあります）。

1) ¿Cómo tengo que cantar? (alegremente) — (ア) tienes que cantar (イ).
2) ¿Me puedes acompañar? (lamentablemente) — (ア) no puedo (イ) acompañarte (ウ).
3) ¿Cómo se fue tu amigo? (muy) — (ア) se fue (イ) de (ウ) prisa (エ).
4) ¿Qué hace tu padre por la mañana? (despacio) — (ア) lee (イ) el periódico (ウ).

19

Lección 4　前置詞

> **1** **a** の主な用法　**2** **en** の主な用法　**3** **de** の主な用法　**4** **por** の主な用法
> **5** **para** の主な用法　**6** 注意すべき前置詞の用法　**7** その他の前置詞　**8** 複合前置詞

> 本来の前置詞：a, ante, bajo, con, contra, de, desde, en, entre, hacia, hasta, para, por, según, sin, sobre, tras
>
> 他の品詞からの転用：durante(durar), mediante(mediar), salvo(salvar), menos(副詞), excepto(副詞)

1 a の主な用法

1-1 方向・到達点

Por la tarde llegamos **a** Chile.　　Voy a estudiar **a** Colombia.

1-2 間接目的語

Voy a dar estos claveles **a** mi madre.　　¿Ya has puesto pilas **a** la radio?

1-3 特定の人を指す直接目的語

Me gustaría ver **a** la señora.　　Buscamos **a** una secretaria.

Quiere un hijo.　≠　Quiere **a** su hijo.
└──▶ { Buscamos _×_ una secretaria.（非特定の人）
　　　{ Buscamos _×_ un coche rojo.（物）

> ▶曖昧さを避けるために物を示す直接目的語に a が付けられる場合がある：
>
> El entusiasmo vence **[a]** la dificultad.

1-4 場所・位置（仕事などに従事するための場所や位置）

Juanito se sentó **a** la mesa.　　Pablo se puso **al** volante y se dirigió a su casa.

> ▶他に sentarse **al** ordenador/**al** piano, llamar **a** la puerta, esperar **a** la entrada/**a** la salida など。ただし、
> 実際に接する具体的な場所を表す場合は **en** が使われる：Juanito se sentó **en** la mesa.

1-5 時点やへだたりを表す

Ellos se casaron **a** los 30 años.（時点：**a** medianoche, **a** estas horas, **al** día siguiente など）

Su casa está **a** unos 3 kilómetros de aquí.　　Mi escuela está **a** unos 10 minutos a pie.

その他慣用的に：**a** la izquierda, **a** la derecha, **al** sol, **a** la sombra, **al** norte など

Canadá está **al** norte de EE. UU.（**al** sur / este / oeste de ～）
└──▶ 方角の区分（北部、南部など）Montana está **en** el norte de EE.UU.

1-6 方法・手段・目的

Vamos **a** pie. （方法や手段： hacer **a** mano, cocer **a** fuego lento, escribir **a** ordenador など）

Vengo **a** despedirme de ustedes. （目的 ＜a + 不定詞＞： ir, venir, salir などの移動動詞と共に）

└──► ×Aquí estamos **a** tomar el sol. → ○ Aquí estamos **para** tomar el sol.

2 en の主な用法

2-1 場所・期間・時点

Te esperaré **en** la estación. （具体的な場所）　　Lo terminaré **en** una semana. （所要期間）

Antonio Gaudí nació **en** 1852. （時点）　　Aquí **en** verano llueve poco o nada. （時点）

▶日付や曜日は、冠詞・指示形容詞・不定語をともない前置詞が不要である。

Hay huelga __×__ el 27 de enero.　　Espero que me visites __×__ algún / este domingo.

2-2 様態・手段

Los niños ya están **en** traje de baño / pijama. （服装）　Hablamos **en** español. （言語手段）

Vengo **en** autobús / avión / tren / coche / bici / moto, etc. （交通手段）

3 de の主な用法

1-22

el vestido **de** Carmen（所有）　reloj **de** oro（材料）　Habló **de** literatura. （題材）

¿Voy a pie **de** aquí a la estación? （空間的始点）　**De** esto concluyo que eso es verdad. （根拠）

De ahora en adelante voy a estudiar más. （時間的始点）　Estoy muerto **de** hambre. （原因）

Juan trabaja **de** día y **de** noche. （時間帯）　Enrique trabaja **de** intérprete. （役割）

De oír esto, no vendrá. （de + 不定詞：条件）　Vinieron algunos **de** ellos. （部分－全体）

4 por の主な用法

1-23

Lo hice **por** tu bien. （動機）　Dejó la carrera **por** falta de dinero. （原因・理由）

Asistí a la boda **por** mi amigo. （代替）　Vendió su coche **por** un millón de yenes. （代価）

Este coche corre a 200 kilómetros **por** hora. （割合「～につき」）

Vamos a salir **por** la ventana. （経路）　Te lo mandaré **por** avión. （手段）

Jordi ahora estará **por** León. （漠然とした場所）　Volveré **por** diciembre. （漠然とした時間帯）

5 para の主な用法

1-24

Trabajo **para** vivir. （目的）　Este regalo es **para** ti. （宛先）　Partieron **para** Chile. （方向）

Eso no es nada **para** mí. （立場・視点「～にとって」）　Lo terminaré **para** mañana. （期限）

Taro sabe mucho español **para** ser de primer curso. （判断規準）

6 注意すべき前置詞の用法

6-1 en / dentro de

Volveré **en** 4 días.（所要期間）　　Volveré **dentro de** 4 días.（経過期間・期限）

6-2 en / encima de / sobre

Puse un cuadro **en / encima de / sobre** la mesa (en / sobre la pared).（表面）

El gato saltó y pasó **sobre / [por] encima de** la mesa.（表面のさらに上：× en）

6-3 por / para

por（動機）：行動のきっかけ「～（しようと）思って」「～のことを考えて」

para（目的）：行動の目標「～のために」

Lo hice **por** ti.　　Lo hice **para** ti.　　El soldado luchó **por** (× para) la patria.

6-4 de / desde

Vengo **de** Granada.（起点）　　Vengo **desde** Granada.（起点からの道のりの強調）

▶a や hasta で到達点を明示しないときは、通常 de ではなく desde が使われる。

Tuve que andar **del** coche **al** hotel. → Tuve que andar **desde** el coche.

▶時間表現の場合の省略

Trabajo **de** nueve **a** cinco.（＜ Trabajo **desde** las nueve **hasta** las cinco.）

6-5 a / para / hasta

Llegó **a** Madrid. (× para)　　Partió **para** Madrid. (≠a)　　Fui **hasta** Madrid. (≠a)

6-6 durante

Estuve cantando __×__ 5 horas. → Estuve cantando **durante** 5 horas.（期間の強調）

6-7 debajo de / bajo

El niño está escondido **debajo de** la mesa.　　Es divertido pasear **bajo** las estrellas.

En 1520, **bajo** el reinado de Carlos V, se descubrió el Estrecho de Magallanes.

6-8 delante de / ante

Hay un bar **delante del** hotel.　　¿Qué tendríamos que hacer **ante** un maremoto?

7 その他の前置詞 1-26

Contigo pan y cebolla.　¿Puedes ver allí a un niño **con** gafas?

Anoche dormí **con** las ventanas abiertas.（con + 名詞句 + 過去分詞：付帯状況）

El Madrid va a jugar **contra** el Barça.　Elena está sentada mirando **hacia** abajo.

Tienes que hablar **sin** vergüenza.　Los jugadores corrieron **tras** el balón.

Que quede esto **entre** tú y yo.（tú y yo: 主格を使用）

Según tú, la jota es la música más representativa de España, ¿verdad?（tú: 主格を使用）

Lo supimos **mediante** el periódico.　Tengo trabajo **menos** los domingos.（= excepto, salvo）

8 複合前置詞 1-27

時間：Tendremos la reunión **a principios (a mediados / a finales) de** junio.

空間：Hay mucha gente **alrededor de** mi casa.　Se detuvo **en medio de** la calle.

関係：**En cuanto (Con respecto / Referente) a** este asunto, hablaremos otro día.

原因：Hay mucho tráfico **a causa de (debido a)** la lluvia.

Mini-diálogo 1-28

Un chiste

(Llaman a la escuela.)
— Dígame.
— Buenos días, maestra. Es que mi niño hoy
no puede ir a la escuela porque está enfermo.
— ¿Ah, sí? ¿Con quién hablo?
— Con mi papá.

1 (　　) 内に適切な前置詞を入れなさい。なお、何も入れる必要がなければ × を入れなさい（文頭にくる可能性のある語も小文字で示してあります）。

1) Por favor, ¿dónde está la salida? — Salga usted (　　　) la puerta principal.

2) (　　　) el 10 de enero haremos una fiesta de cumpleaños para mi hijo.

3) Picasso estuvo (　　　) 9 años en Barcelona.

4) Tenemos que ir a casa de la abuela (　　　) los lunes.

5) Aquí hace muchísimo calor (　　　) verano.

6) Paseamos (　　　) las estrellas brillantes de noviembre.

7) Vamos a cruzar la calle (　　　) mucho cuidado.

8) ¿Tú vas (　　　) pie? Yo, como tengo prisa, voy (　　　) bici.

9) Tenemos que ir a casa de la abuela (　　　) los lunes.

10) No tienes que salir a la calle (　　　) guantes porque hace un frío tremendo.

11) Estamos buscando (　　　) la profesora que nos enseña francés.

12) Como no tenía nada que hacer, salí (　　　) dar una vuela por el barrio.

13) Mis amigos llegaron (　　　) Granada (　　　) 1998.

14) Mi hijo ya habrá salido de la universidad (　　　) estas horas.

15) Me gustaría viajar (　　　) todo el mundo algún día.

2 (　　) 内に適切な前置詞を入れなさい（al, del も含みます）。なお、何も入れる必要がなければ × を入れなさい（文頭にくる可能性のある語も小文字で示してあります）。

1) ¿Crees que merece la pena comprar esta moto (　　　) 200 euros?

2) Vamos a subir (　　　) la escalera.

3) Pedro se sentó (　　　) ordenador y empezó a trabajar.

4) Podrás trabajar (　　　) corbata cuando tengas calor.

5) La Selección Japonesa empezó a entrenarse (　　　) la dirección del nuevo director.

6) Dicen que hay bebés que caminan (　　　) los 10 meses.

7) Aquí (　　　) una estación y otra hay mucha distancia.

8) ¿Está usted (　　　) favor o (　　　) contra de la energía nuclear?

9) Compré demasiado y me quedé (　　　) dinero.

10) Llaman (　　　) la puerta. — Será mi padre.

11) No tienes que salir porque ya es (　　　) noche.

12) Mi casa está (　　　) unos veinte minutos (　　　) aquí.

13) No tienes que salir (　　　) medianoche.

1 日本語をヒントにして適切な前置詞を（　　）に一語入れなさい（**al, del** も含みます）。

1) ¿(　　　　　) cuántos minutos está la Playa Mayor? （何分のところに）

2) En el mundo hay muchos problemas que se quedan (　　　　) resolver.
（まだ〜せずにいる）

3) ¡Juanito, a comer! Siéntate (　　　　) la mesa. （食卓に付きなさい）

4) No te sientes (　　　　) la mesa, que es falta de educación. （テーブルに座らないで）

5) He comprado este coche (　　　　) tres razones. （3つの理由から）

6) Todas estas muñecas son hechas (　　　　) mano. （手作り）

7) He perdido el autobús (　　　) levantarme tarde. （寝坊したので）

8) Si has bebido alcohol, no te pongas (　　　　) volante. （運転席につく）

9) Me gradué en la universidad (　　　) los 22 años. （22歳で）

10) ¿Cuántas horas trabajas al día? — 6 horas. (　　　) 10 (　　　) 4.
（10時から4時まで）

11) Se ve (　　　　) lo lejos una luz verde. （遠くに）

12) Por favor, ¿dónde está la Central de Correos?
— Yendo por esta calle, encontrará usted un edificio grande (　　　　) la izquierda.
Allí es. （左に）

2 日本語をヒントにして適切な前置詞句を入れなさい。下線にはいくつ語を入れてもよい。

1) Canadá se encuentra ＿＿＿＿ los Estados Unidos. （北に）

2) Asturias está situada ＿＿＿＿ la Península Ibérica. （北部に）

3) Estamos a 11. El límite es 14, o sea que el plazo concluirá ＿＿＿＿ tres días. （3日後）

4) Vendré ＿＿＿＿ de octubre. （初旬に）

5) Ese satélite artificial gira ＿＿＿＿ la Luna. （月の周りを）

6) El avión llegó con retraso ＿＿＿＿ de la lluvia. （〜が原因で）

7) Podemos obtener diversas informaciones estando en casa ＿＿＿＿ Internet. （〜のおかげで）

8) Se puede ver un paisaje precioso ＿＿＿＿ de la ventana grande. （窓から、窓を通して）

9) Ayer me lo pasé bien en casa viendo un vídeo ＿＿＿＿ de ir al cine. （〜の代わりに）

10) Por favor, señor. ¿Para ir al centro de la ciudad, si es usted tan amable?
— Lo siento, es que no soy ＿＿＿＿ aquí. （このあたりの出身）

11) El accidente ocurrió ＿＿＿＿ las 10. （10時頃に）

12) ＿＿＿＿ a lo que dijo Camila, tengo una cosa que decirte. （〜に関して）

13) Espérame ＿＿＿＿ la entrada de la catedral. （大聖堂の入り口で）

14) El pintor El Greco vivió en Toledo ＿＿＿＿ 1577 ＿＿＿＿ su muerte, en 1614.
（〜から〜まで）

Lección 5　　不定語・否定語・比較構文

　1　不定語と否定語　　2　比較級

1　不定語と否定語

1-1　対立する不定語と否定語

algo ⇔ nada,　alguien ⇔ nadie,　alguno ⇔ ninguno

¿Tienes **algo** que hacer mañana?　— No, no tengo **nada** que hacer.

¿Mañana vas con **alguien**?　— No, no voy con **nadie**.　Voy solo.

¿Has encontrado **algún** libro útil?　— No, no he encontrado **ningún** libro (=**ninguno**).

¿Vienen **algunos** de esos alumnos?　— No, no viene **ninguno** (× nadie) de ellos.

Ahora ando **algo** ocupado con nuevos proyectos.　A mí no me gusta **nada** el béisbol.

1-2　否定連携構文

No es china **sino** japonesa.　　El líder **no** nace, **sino que** se hace.

Esto ocurre, **no solo** en España, **sino también** en Japón.

1-3　部分否定（⇔全体否定）

No todos queremos ir a España. (⇔ **Ninguno** de nosotros quiere ir a España.)

No siempre consigues lo que deseas. (⇔ **Nunca** consigues lo que deseas.)

José **no** habla **mucho**. (⇔ José **no** habla **nada**.)

1-4　不定語の用法

1) uno (-a, -os, -as): 代名詞

Estos lápices son buenos: ¡cómprate **uno / unos**!　　A veces **uno** quiere estar solo.

2) otro (-a, -os, -as): 形容詞・代名詞

Voy a cantar **otra** canción.　　Ya he comido dos pasteles, pero me apetece **otro**.

Perdonar es una cosa y olvidar es **otra**.　　Algunos reían y **otros** lloraban.

Hemos conseguido dos cuadros de Goya: uno es verdadero y el **otro**, falso.

26

3) pocos (-a, -os, -as): 形容詞・代名詞、poco: 副詞

Hay **pocos** libros de bellas artes en esta librería.（pocos, -as + 可算名詞）

Eso tiene **poca** importancia.（poco, -a + 不可算名詞）

María habla **poco** delante de la gente.

> ▶ただし、unos (-as) pocos (-as) + 可算名詞・un poco de + 不可算名詞・un poco: 副詞
>
> Hay **unos pocos** libros de bellas artes en esta librería.
>
> Eso tiene **un poco de** importancia.　　María habla **un poco** delante de la gente.

4) mucho (-a, -os, -as): 形容詞・代名詞, bastante (-s): 形容詞・代名詞、mucho: 副詞、bastante: 副詞

Hay **muchas / bastantes** chicas vestidas de kimono.（muchos,-as / bastantes + 可算名詞）

Los alemanes beben **mucha / bastante** cerveza.（mucho,-a / bastante + 不可算名詞）

Asistieron **muchos** de ellos.　　Mis hijos saben nadar **mucho / bastante**.

5) demasiado (-a, -os, -as): 形容詞、demasiado: 副詞

Tienes **demasiadas** cosas en la habitación.（demasiados,-as + 可算名詞）

Tenemos **demasiado** tiempo. ¿Qué hacemos?（demasiado,-a + 不可算名詞）

Anoche dormí **demasiado** y ahora me duele la cabeza.

6) todo (-a, -os, -as): 形容詞・代名詞、todo: 副詞

Todas las alumnas están reunidas aquí.　　Ya lo sabe **todo** el mundo.

Todos ya se han marchado.　　Con su ayuda **todo** es posible.

Los niños van **todo** preparados al examen.

7) その他の不定語

cualquiera : Puedes vivir en **cualquier** lugar.　　**Cualquiera** sabe lo que pasó ayer.

cada :　En **cada** clase hay 25 alumnos.（× En cada una clase hay...）

　　　　Tome pastillas **cada** tres horas.（× cadas）　　**Cada** uno tiene sus virtudes.

demás（単複同形）: Emilio trabajaba mientras los **demás** chicos se divertían.

　　　　　　　　Tienes que escuchar a los **demás**.　　No te preocupes de lo **demás**.

ambos (-as)（無冠詞）: Me gustaría tocar el piano con **ambas** manos.

　　　　　　　　Ambos se quieren de corazón.

tal (-es) : ¿Hay **tales** problemas en otros países?　　Dime la verdad **tal** como es.

2 比較級

2-1 比較級の基本的用法 （→ Apéndice 1）

2-2 同等比較の否定と劣等比較 （〜ほど…ない）

Enrique **no** es **tan** alto **como** su padre. ≒ Enrique es **menos** alto **que** su padre.

No tengo **tantos** libros **como** él. ≒ Tengo **menos** libros **que** él.

No estudio **tanto como** él. ≒ Estudio **menos que** él.

2-3 比較級を修飾する副詞とその位置

Esta torre es (**un poco / dos veces / 10 metros**) más alta que esa.

Mi libro es (**mucho / todavía / aún**) más fácil que el suyo.

▶次のように、mucho が libros の影響を受けて muchos で使われる場合がある。

José tiene **muchos** (mucho) más libros que yo.

2-4 比較の対象

1）数量や抽象的な内容 （más/menos 〜 de...）

Esta corbata cuesta **más de** diez mil yenes.　Manolo es **más** listo **de** lo que creíamos.

2）比較の対象となる品詞

José es más diligente que **Luis**. （名詞）Ana es más [bien] guapa que **bonita**. （形容詞）

No tengo más remedio que **esperar**. （不定詞）Ahora como menos que **antes**. （副詞）

2-5 最上級表現

1）形容詞の最上級

Su obra es **la más** interesante **de** todas.　　Ana es **la** chica **más** maja **que** conozco.

Eduardo y Felipe son **mis mejores** amigos.

2）副詞の最上級

Juan es **el que** corre **más** rápido **de** todos. (× Juan corre el más rápido de todos.)

▶＜比較構文 + 否定語 / 不定語＞

Felipe corre **más** rápido **que** nadie / **que** ninguno de la clase.

Me gusta la cerveza **más que** nada.　　Ahora te necesito **más que** nunca.

Ese jugador se entrena **más** duro **que** los demás / los otros.

3）「できるだけ〜」の構文 ＜lo + más/menos + ［形容詞/副詞］+ posible＞

Quiero bajar de peso **lo más** pronto **posible**.

El manejo del aparato debe ser **lo menos** complicado **posible**.

2-6 その他の比較に関する表現

1) superior/inferior a ～：La radiación es **superior a** lo normal.

2) anterior/posterior a ～：El día **anterior a** la boda se celebró un cóctel.

3) no ～ más que...(= solamente)

　　Hoy **no** hay **más que** dos clases.　　**No** tienes **más que** estar sentado aquí.

4) 同一：mismo que ～、同等：igual que ～

　　Tengo **la misma** opinión **que** tú.　　Me ha ocurrido **lo mismo que** antes.

　　Tengo un ordenador **igual que** el tuyo.　　¿Tú también te vas, **igual que** los otros?

5) 結果的比較：tan +形容詞 + que ～、tanto (-a/-os/-as) + 名詞 + que ～、tanto que ～

　　Este libro es **tan** difícil **que** no se entiende.　　Bebió **tanto que** se quedó dormido.

　　Tienes **tantos** libros **que** un día se te va a hundir el suelo.

　　El reloj **no** es **tan** pequeño **que** parezca femenino.

6) 並列の接続詞：Este trabajo, **tanto** para mí **como** para los estudiantes, será muy útil.

7) 比例比較：**Cuanto más** estudio, [tanto] **más** me interesa.

8) menos mal (que～)

　　El avión llegará con retraso.　— **Menos mal que** llega sin accidente.

Mini-diálogo

— Papá, estoy harto de este trabajo.

— No te quejes y sigue.

— Es más pesado que una vaca en brazos...

— ¿Qué dices?　¿Hablas de mí?

— No, no. Me refiero al trabajo.

EJERCICIOS 5　　基本問題

1 例にならって優等(+)、劣等(-)、同等(=) 比較を下線に入れ、文を完成させなさい。

例) Esta torre es (+ alto) ___más alta que___ aquella.

1) Necsito algunas sillas y estas son (+ cómodo) _____ las de ahora.

2) Mis padres son un poco (+ joven) _____ los tuyos.

3) El examen de hoy ha sido (– difícil) _____ el de ayer.

4) Felipe a veces llega tarde a clase a pesar de que su casa está (– lejos) _____ la mía.

5) La historia que me has contado es (+ triste) _____ graciosa.

6) Tu ordenador va lento porque es (= antiguo) _____ el mío.

7) Mi perro madruga mucho, pero mi abuela se levanta (= temprano) _____ él.

8) En Indonesia ocurren muchos terremotos porque hay (= volcanes) _____ en Japón.

2 優等(+)、劣等(-)、同等(=) 比較を下線に入れ、文を完成させなさい。

1) Creo que las gafas son (+ bueno) _____ las lentillas porque no te hacen daño en los ojos.

2) Conocí a Ángela mucho antes que tú y claro que la conozco mucho (+ bien) _____ tú.

3) Es natural que los profesores tengan (+ muchos libros) _____ nosotros.

4) Antes los asientos de fútbol eran (+ malo) _____ los de ahora, pero no nos importaba.

5) Mis abuelos cantan (+ mal) _____ antes, pero sus canciones son impresionantes.

6) No veo bien con estas gafas porque no son (= caro) _____ las de antes.

3 日本語を参考にして適切なスペイン語を入れて文を完成させなさい。（　　）には一語、下線にはいくつ語を入れてもよい。

1) Yo tengo _____ tú.（僕は君ほどお金を持っていない）

2) No ganamos _____ ustedes.（あなた方ほどは稼いでいない）

3) ¿Qué corbata te gusta más, la azul o la roja? — Pues me gustan (　　　　).（両方）

4) La segunda pregunta fue _____.（一番簡単だった）

5) Me gusta el vino _____.（何よりもワインが好きだ）

6) Sonia (　　　　) es española (　　　　) chilena.（スペイン人ではなくチリ人）

7) Eduardo es el que canta _____ la clase.（一番上手だ）

8) Ada es _____ mi hermana.（2歳年上だ）

9) Esta película es _____ divertida.（面白いというよりむしろ興味深い）

10) ¿(　　　　) de ellos vendrá a ayudarme? — No, creo que no viene (　　　　).（誰か一誰も）

11) Vas a Perú, ¿no? ¿Conoces a (　　　　) allí? — No, no conozco a (　　　　).（誰か一誰も）

12) ¿Cuál es el deporte que _____?（君が一番好きなスポーツ）

応用問題

1 幸子は、スペインの友人である Luisa からひさしぶりにメールを受け取りました。下線に前後の意味から類推してそれぞれ一語入れなさい。

Hola, Sachiko, ¿qué tal?

　　Gracias por tu e-mail. ¿Tú querías ser maestra del colegio? ¡Qué casualidad! ¡Yo también tengo el mismo sueño ^(ア)_____ tú! El martes asistí a una conferencia, pero ¿sabes lo que me pasó? Pues fue ^(イ)_____ aburrida ^(ウ)_____ me quedé dormida. ¡Menos ^(エ)_____ que no me vio nadie! En cualquier caso,^(オ)_____ más estudio, más interés tengo. Lo cierto es que me gusta explicar, y creo que la enseñanza,^(カ)_____ en España ^(キ)_____ en Japón, es importante; ¡por eso voy a esforzarme mucho!

Un beso,

Luisa

2 次の文は比較の形容詞や副詞（**más, menos, mejor**など）を含む文である。日本語をヒントにして、（　　）には一語、下線にはいくつかの語を入れて文を完成させなさい。

1) Carmen es (　　　　　) joven _____ creía.（(私が) 思っていたより若い）

2) La situación se ve (　　　　　) grave _____ parece.（見た目ほど深刻ではなさそう）

3) Esta es _____ novela (　　　　　) he leído.（最良の小説）

4) Hoy no tengo _____ dos clases.（2つしかない）

5) Voy _____ pronto posible.（できるだけ早く）

6) Mis nietos me visitaron cuando (　　　　　) lo esperaba.（思いがけないときに）

7) Emilia, tú eres _____ cobra (　　　　　) en esta oficina.（君は一番給料がいい）

3 下の枠内から適切な不定語を選んで下線に（変化させずそのまま）入れなさい。

1) ¿Enrique aprobó el examen? — No, es que habló _____ en la entrevista.

2) ¿Cómo está tu hijo? — Está mucho mejor. Gracias. Esta tarde ha comido _____.

3) Has engordado mucho. Creo que comes _____.

4) Hemos sacado dos entradas. Pero como viene Luis con su hijo, necesitamos _____ dos.

5) Tienes que buscar un hotel, ¿verdad? — No, yo puedo dormir en _____ parte.

6) Tome usted dos de estas pastillas _____ cinco horas.

7) ¿Por qué no puedo hablar por el móvil en el tren? — Porque perjudicas a los _____.

8) Decir es una cosa y hacer es _____.

> **otra　otras　demás　cualquier　cada　poco　un poco　demasiado**

Lección 6　関係詞・疑問詞

1 関係代名詞　2 関係形容詞　3 関係副詞　4 関係詞の独立用法　5 疑問詞

1 関係代名詞（que, quien, el que, el cual）

▶関係詞の基本的用法（→ Apéndice 2）

1-1 主格の関係代名詞

（先行詞が人）Los alumnos **que** hablan español pueden viajar a México.

> ▶制限用法では que のみ。非制限用法（関係節が先行詞の内容を説明する用法）では que と quien / quienes が可能。
>
> Tengo un amigo **que** (× quien) nació en esta ciudad.（制限用法）
>
> Este es mi padre, **que** (○ **quien**) nació en esta ciudad.（非制限用法）

（先行詞が物）Tengo un libro **que** habla de los indígenas peruanos.

1-2 直接目的格の関係代名詞

（先行詞が人）Hoy vendrá la señora **que** (× a que) conocí ayer.（← Ayer conocí **a** la señora.）

（先行詞が物）Voy a traer un libro **que** compré ayer.

1-3 間接目的格の関係代名詞

（先行詞が人）Esta es la chica **a quien / a la que** (× a que) [le] regalé un ramo de flores.

（先行詞が物）La puerta **a que / a la que** Felipe [le] dio una patada está rota.

1-4 a 以外の前置詞と使われる関係代名詞

（先行詞が人）Hoy vendrá la señora **de quien / de la que** (× de que) te hablé el otro día.

Hoy vendrá la chica **con quien / con la que** (× con que) fuimos a la playa.

（先行詞が物）Esta es la revista **de que / de la que** te hablé el otro día.

Esta es la llave **con que / con la que** abrieron esa caja fuerte.

> ▶先行詞が物の場合、定冠詞が省略できるのは a, con, de, en だけである。
>
> Dime la razón **por la que** (× por que) no quieres ir a la escuela.

1-5 **el que (la que, los que, las que, lo que) の用法**

Hoy viene el hijo de María, **con el que** a veces juego al tenis.（先行詞の明確化）

A César le salió bien el examen, **lo que** alegró mucho a su madre.（文全体を受ける）

La que canta es mi hermana.（独立用法）

1-6 **el cual (la cual, los cuales, las cuales, lo cual) の用法**

el que と同様の用法だが、según, sin, durante, mediante と複合前置詞の場合に多用される。

El gobierno planteó un proyecto *mediante* **el cual** va a mejorar la situación actual.

Se puso aquellas gafas, *sin* **las cuales** se descubriría que era Supermán.

Cuando llegues a la plaza, verás un árbol debajo d**el cual** estará la pista que buscas.

2 関係形容詞

1-33

2-1 **cuyo (-a, -os, -as)**

Me gusta este autor ruso, **cuyas** obras se exponen en el Museo Thyssen.

Esta mañana me he encontrado con un señor, de **cuyo** nombre no me acuerdo.

2-2 **cuanto (-a, -os, -as)**

El profesor me dio **cuantos** libros tenía. (= ...me dio todos los libros que tenía.)

▶独立用法：El profesor me dio **cuanto** tenía en el bolsillo. (= ...me dio todo lo que tenía...)

▶関係副詞：Le ayudé **cuanto** pude.   Le ayudaré **cuanto** pueda.

3 関係副詞（donde, adonde, como, cuando）

1-34

3-1 先行詞＝「場所」

Esta es la casa **donde / en [la] que** nació mi padre.

La estación **de donde** sale el tren para Tokio se llama Shin-Osaka.

Por aquí está el parque de atracciones **adonde** iba cuando era pequeño.

3-2 先行詞＝「様態」

Me gustaría saber el modo **como / en [el] que** resolvieron el problema.

3-3 先行詞＝「時」

Y una noche, **cuando / en [la] que** la luna estaba llena, se transformó en lobo.

4 関係詞の独立用法

Quien no se arriesga no cruza la mar.　　Luis trabaja para **quien** le paga.

Al **que** madruga, Dios le ayuda.　　No entiendo **lo que** me dice el profesor. (lo cual は不可)

Este barrio es **donde** pasé mi infancia.

▶el / la / los / las cual(es) に独立用法はない。

▶独立用法では que は常に冠詞が必要：el / la / los / las que

5 疑問詞

5-1 疑問詞の種類

1) 疑問形容詞 ：　¿**Qué** periódico lees?　　¿**Cuántas** casas tiene tu amigo?

2) 疑問代名詞 ：　¿**Qué** lees?　　¿**Cuál** es tu diccionario?　　¿**Quién** es ese chico?

　　　　　　　　¿**Cuántos** vienen?

3) 疑問副詞　 ：　¿**Cuándo** vienes?　　¿**Dónde** está la catedral?

　　　　　　　　¿**Cómo** vas a la universidad?　　¿**Cuánto** tardas en acabar el trabajo?

　　　　▶必要に応じて前置詞が付加される：¿En **qué** periódico has leído eso?

　　　　　　　　　　　　　　　　　　　¿Con **quién** sale Jaime?

　　　　　　　　　　　　　　　　　　　¿Por **cuánto** me lo vendes?

5-2 注意すべき疑問詞の用法

1) ¿Cuántos/-as + 可算名詞? ・¿Cuánto/a + 不可算名詞?

　　¿A **cuántos** yenes está un euro?　　　　　¿**Cuánto** dinero llevas generalmente?

　　¿**Cuántas** personas nacen por segundo?　　¿**Cuánta** gasolina gasta tu coche?

2) qué と cuál の用法の差

　a. 2 つやそれ以上のものの選択

　　┌ ¿**Qué** es más peligroso, el agua o el fuego? (異質のものの選択)

　　└ ¿**Cuál** es más peligroso, este león o ese? (同質のものの選択)

　　┌ ¿**Qué** (? Cuál) camino es más corto?

　　└ ¿**Cuál**(× Qué) de estos caminos es más corto?

　b. <qué/cuál + es + 名詞句>

　　¿**Qué** es "una capital"? (名詞の**定義**を問う) — Es la ciudad más grande de un estado.

　　¿**Cuál** es la capital (de España)? (名詞が指す**具体的な内容**を問う) — Es Madrid.

　　▶注意： × ¿Dónde es la capital de España?

3) 修辞疑問・反語表現

¿Por qué no estudiamos juntos?   **¿Cómo** se te ocurren esas tonterías?

¿Cómo es que te quedas todo el día en casa y no sales nunca?

Tengo hambre. — **¿Cómo que** tienes hambre? ¡Pero si acabas de comer!

Oye, ¿Luis y Pepa se divorcian? — **¡Yo qué sé! ¿A mí qué me preguntas?**

5-3 部分疑問文における疑問詞の位置

1) creer, pensar, parecer, decir, querer などの主動詞では疑問詞は文頭

¿Cuántos años **crees** que tengo yo?   **¿Cómo dijiste** que te llamabas?

¿Cuándo quieres que te llame?   **¿Quién quiere** usted que venga a la fiesta?

2) saber, ver, recordar, preguntar などでは疑問詞は従属節の先頭

¿Sabes cuántos años tengo?   **¿Recuerda** usted **quién** vino ayer?

1-37

Mini-diálogo

Un chiste

— Sr. abogado, ¿cuánto cobra por su consulta?

— 1000 euros por tres preguntas.

— ¿No le parece caro?

— No... ¿Cuál es la tercera pregunta?

1 それぞれの点線に関係詞を、（　　）に前置詞を書き入れ、文を完成させなさい。

1) Los chicos .... participaron en la fiesta de ayer eran bien educados.

2) Los chicos .... conocí en el concierto eran de menor de edad.

3) ¿Cómo se llama la chica (　　　　) .... sale Álvaro?

4) La chica (　　　　) .... regalaste un anillo es mi hija.

5) La pelota (　　　　) .... estás jugando es mía.

6) .... tenemos que hacer ahora es no decir nada a nadie.

7) El protagonista es un hambre .... hijo ha desaparecido.

8) Ayer comimos en un bar .... te sirven un ajillo riquísimo.

9) .... no tenían diccionario no pudieron entrar.

10) ¿Qué ciudad me recomendarías para visitar en Andalucía?
— ".................................. no ha visto Granada no ha visto nada." ¿Nunca lo has oído?

2 次のふたつの文を関係詞を使ってひとつにしなさい。なお、右の文が従属節です。

1) La niña es la hija de mis amigos. / La niña está llorando.

　　→ _____

2) Me gustó mucho la película. / Vimos la película ayer en la tele.

　　→ _____

3) La policía asegura que esta es la impresora. / Se escribió la carta amenazadora con la impresora.

　　→ _____

3 太字の部分が答えになるように下線に疑問詞や疑問詞を使った表現を入れなさい。

1) Voy con **cinco** chicos. ← ¿_____ chicos vas?

2) Es **Carmen**, amiga de Isabel. ← ¿_____ es esta chica?

3) Voy a salir de viaje con **esta** maleta. ← ¿_____ maleta vas a salir de viaje?

4) Se tarda más o menos **una hora**. ← ¿_____ se tarda desde aquí hasta Kioto?

5) Me gusta más **esta**. ← ¿_____ de estas camisas te gusta más?

6) Es **Mercurio**. ← ¿_____ es el planeta más cercano al Sol?

7) Es **grande y cómoda**. ← ¿_____ es la nueva casa?

8) Prefiero **amor**. ← ¿_____ prefieres, amor o dinero?

9) Se **me** ocurrió a **mí**. ← ¿_____ se le ocurrió una idea tan buena como esta?

10) **En la segunda esquina, a la izquierda.** ← Por favor, ¿por _____ se va al ayuntamiento?

応用問題

1 次のふたつの文を関係詞を使ってひとつにしなさい。なお、右の文が従属節です。

1) No aprobaron la idea. / Se nos había ocurrido la idea el día anterior.

→ _____

2) Había una escalera. / Debajo de la escalera descubrieron eventualmente a la niña desaparecida.

→ _____

3) La razón es simple: falta de dinero e interés. / Claudio ha dejado la carrera por esa razón.

→ _____

4) En enero voy a Argentina. / En enero hace más calor que en todo el resto del año.

→ _____

5) No puedo olvidarme de un amigo. / Con su ayuda conseguí solucionar el problema.

→ _____

2 下線に適切な関係詞を（必要なら前置詞も）入れて文を完成させなさい。

1) La pelota _____ estás jugando es mía.

2) _____ han aprobado el examen son alumnos de esta universidad.

3) Entré en la iglesia por una puerta, detrás de _____ me esperaba una señora.

4) Esta es la chica _____ quiero compartir mi vida y formar una familia.

5) El Presidente, _____ fue bien recibido por el público, declaró la tregua.

6) Harry Potter lleva siempre una varita, sin _____ no podría hacer brujerías.

7) La vida se parece a un libro en blanco _____ páginas esperan a ser escritas.

8) ¿No sabes _____ ocurrió anoche por aquí?

9) Esa es la ventana _____ escapó el ladrón.

10) ¿Cuál es la novela _____ te ha gustado más?

— _____ me prestaste tú.

3 例にならって太字の部分が答えになるように下線に疑問詞を使った表現を入れなさい。

例) Creo que viene mañana. ← ¿<u>Cuándo crees</u> que viene Eva?

1) Creo que Luisa vive **en la calle Jesús**. ← ¿_____ que vive Luisa?

2) Pensamos que tiene **80 años**. ← ¿_____ que tiene su abuelo?

3) Creo que tienes **más de 60 años**. ← ¿_____ que tengo?

4) He dicho que me llamo **David**. ← ¿_____ que te llamas?

5) Quiero que me llames **a las cinco**. ← ¿_____?

Lección 7　　再帰動詞・受動文・不定主語文

> 1 再帰動詞の用法　2 受動文　3 不定主語文
> 4 日本語の「〜(ら)れる」に対応するスペイン語の表現

1 再帰動詞の用法

1-1 基本的用法

Los niños **se lavaron** en el río.（直接再帰：se＝自分自身を）

Nos sentamos a la mesa.（直接再帰：「自分自身を(se)〜させる」→「〜する」）

Los niños **se lavaron** las manos cuando llegaron a casa.（間接再帰：se＝自分自身に）

Antes **nos escribíamos** de vez en cuando.（相互用法）

Tú siempre **te quejas** de algo.（本来的再帰：atreverse, arrepentirse, quejarse など）

Ya tenemos que **irnos**.（強意・転意：comerse, beberse, dormirse, morirse など）

1-2 身体名詞を目的語とする構文におけるseの有無

1) ＜**+se** 構文＞：主語が自分自身の身体に他の身体の部分や道具で直接的・間接的に接触する（se が必要）。

Pedro　**se**　lavó las manos.　　Las chicas　**se**　peinan el pelo.

Ana　**se**　abrigó la garganta con la bufanda.　　Manuel　**se**　afeitó el bigote.

2) ＜**–se** 構文＞：道具などによる主語自身の身体への接触がない（se は不要）。

Pedro　✕　abrió la boca.　　El estudiante　✕　levantó la mano.

La señora　✕　guiñó un ojo a su hijo.　　Los niños　✕　apretaron los dientes.

3) **se** の有無による意味の差

┌ Cecilia　**se**　ocultó la cara con el velo.
└ Cecilia　✕　ocultó la cara detrás de la puerta.

1-3 叙述補語を伴う再帰動詞

1) verse, encontrarse, sentirse, creerse, considerarse など

Juana **se veía** *obligada* a trasladarse.　　Ellos **se creen** *inocentes*.

La montaña **se encuentra** *cubierta* de nubes.　　¡En casa **me siento** tan *feliz*!

38

2) 変化（「～になる」）を表すもの

  a. **ponerse**：感情や外観の一時的な変化

    María **se pone** colorada siempre que ve a su novio.   El cielo **se ha puesto** gris.

  b. **hacerse**：努力してゆっくりと「～になる」（職業などに多い）

    Pedro **se hizo** médico.   ¿Tienes ganas de **hacerte** famoso?

  c. **volverse**：本人の意志とは別に逆の性質のものにいきなり変化

    Mi madre **se volvió** una fanática del fútbol.   ¿**Te has vuelto** loco?

  d. **quedarse**：欠如や否定的な意味を伴う変化

    Luisa **se quedó** viuda.   **Nos quedamos** sin dinero.

  e. **convertirse en**：AからBへとまったく別の物に変わる変化

    A veces el amor **se convierte** en odio.   El bosque **se convirtió** en un desierto.

2　受動文

2-1　ser受動文 ＜ser + 他動詞の過去分詞 +（por + 行為者）＞

この受動文は口語では頻度が低く、主に完了を表す時制 (点過去や現在完了) で使われる。

Ese edificio **fue destruido** por los atentados del 11 de septiembre.

Después de una larga reforma, el museo **ha sido abierto** esta mañana.

Él **fue nombrado** embajador por el gobierno.（← El gobierno lo nombró embajador.）

2-2　状態受身 ＜estar + 他動詞の過去分詞＞

La puerta **está abierta** de par en par.

El Centro de Comercio Mundial ya **estaba destruido** cuando lo visité.

  ▶＜estar + 自動詞 / 再帰動詞の過去分詞＞には受身の意味はなく、単なる状態の表現になる。

    Franco y sus partidarios ya **estaban muertos** cuando España entró en UE.

    Los niños ya **estaban acostados** cuando volvió su padre.

2-3　再帰受動文＜se + 他動詞の3人称（単・複）＞

主語は物のみ。また、通常 "por + 行為者" は示されない。

Esta expresión **se usa** mucho en las novelas policíacas.

Estas revistas **se publicaron** en 1980.

  ▶不定の主語は後置。

    En esta calle **se ha construido** una casa más lujosa que la tuya.

    Se alquilan habitaciones.（看板や広告）   Aquí **se vende** vino.

③ 不定主語文

3-1 ＜se + 他動詞の3人称単数形 + 直接目的語＞ ＜se + 自動詞3人称単数形＞

この se は「人は～」を表し、**行為者が全体的・一般的な人**の場合によく用いられ、話し手や聞き手も行為者の中に含まれる。

Hoy en día no **se respeta** a los ancianos como antes.

Se dice que el vino tinto es mejor para el cuerpo que el blanco.

No **se sabe** dónde está la tumba de ese poeta español.

▶いつも「～（ら）れる」という和訳になるとは限らない。

En este restaurante **se come** muy bien. 　　　¿Cómo **se va** a la estación?

Y ahora hay que pensar cómo **se va** a ayudar a la gente mayor que vive en la calle.

(Llamando a la puerta) ¿**Se puede** [pasar]?

▶再帰動詞の場合は se を重ねて使うことができないので、uno や la gente、あるいは不定主語の tú が使われることが多い。

En este pueblo **uno** se levanta muy temprano.(× En este pueblo se se levanta...)

En una gran ciudad **la gente** se divierte más.(× En una gran ciudad se se divierte...)

Cuando **te encuentras** con dificultad, **aprendes** mucho. （Lección 3, 1 を参照）

3-2 ＜他動詞の3人称複数形＞

行為者に話し手や聞き手は含まれない。行為者がわかっていても、**話題として関心がない**場合に用いられるので、具体的な行為や出来事（昨日の出来事など）では、「人は～」の **se** よりこの形の方がよく使われる。

Ayer **hirieron** a un guardaespaldas del Presidente.

Me **han dicho** que vuelva a casa antes de las 10.

Llaman a la puerta. — ¿Quién será?

④ 日本語の「～(ら)れる」に対応するスペイン語の表現

4-1 日本語で人が受身主語になる場合（「誰々は(が)～される(た)」）

1）「僕は学校で叱られた」Me **han reñido** en la escuela.

行為者（叱った人）が誰かは、話題として関心がない。「叱る」という行為に話し手や聞き手は含まれない。→＜3人称複数形＞

2)「この国では貧しい人達が優遇されている」En este país **se trata** bien a los pobres.

行為者（優遇する人）は、話し手や聞き手を含む一般的な人すべてをさす。→ ＜se ＋ 3 人称単数形＞

3)「大丈夫だよ。君は好かれているんだから」Tranquilo, que **se** *te* **quiere** mucho.

行為者（好意をもっている人）は、話し手を含む一般的な人すべてをさす。また、目的格人称代名詞の位置に注意 → ＜se ＋ 目的格人称代名詞 ＋ 3 人称単数形＞

4-2 日本語で物が受身主語になる場合（「何々は(が)〜される(た)」）

1)「この国では靴がたくさん作られている」

En este país **se fabrican** muchos zapatos. → ＜再帰受動文＞：不定主語は後置

2)「これらの措置はエネルギー消費を抑えるためにとられているものです」

Estas medidas **se toman** para reducir el consumo de energía. → ＜再帰受動文＞

Mini-diálogo

Un chiste

— Doctor, cada vez que me tomo un café con leche me duele el ojo derecho.

— Pues quite la cucharilla de la taza, hombre.

◀ EJERCICIOS 7 ▶ 基本問題

1 再帰動詞を適切な形にして下線に書き込みなさい。

1) Hoy ＿＿＿＿＿＿ una corbata porque hay una reunión importante. (ponerse)

2) ¿Dónde estamos? Creo que ＿＿＿＿＿＿. (perderse)

3) Anoche mi hijo volvió a las doce, ＿＿＿＿＿＿ y ＿＿＿＿＿＿. (ducharse, irse)

4) Anita, tienes que ＿＿＿＿＿＿ con un chico honrado. (casarse)

5) Juanito, ¿＿＿＿＿＿ los dientes antes de ＿＿＿＿＿＿ todas las noches?
(lavarse, acostarse).

2 次の枠内の語群から適切な動詞（句）を選び点過去に活用させて下線に入れなさい。

ponerse hacerse convertirse en quedarse volverse

1) Se me murió la mujer y ＿＿＿＿＿＿ solito.

2) Felipe estudió mucho y por fin ＿＿＿＿＿＿ cirujano.

3) Sus padres ＿＿＿＿＿＿ pálidos al oír la noticia.

4) En Ecuador hay un cuento: "La niña que ＿＿＿＿＿＿ sirena".

5) La madre, al saberlo, ＿＿＿＿＿＿ loca.

6) María ＿＿＿＿＿＿ colorada al ver a su novio.

7) Es que ayer en la clase (ella) ＿＿＿＿＿＿ dormida porque tenía muchísimo sueño.

3 次の能動文をser 受動文に書き換えなさい。

1) Un bombardeo aéreo destruyó la ciudad de Guernica en 1937.

→ ＿＿＿＿＿＿＿＿＿＿＿＿＿＿＿＿＿＿＿＿＿

2) La Policía Municipal detuvo a dos hombres en posesión de drogas.

→ ＿＿＿＿＿＿＿＿＿＿＿＿＿＿＿＿＿＿＿＿＿

3) La UNESCO declaró mi ciudad natal Patrimonio de la Humanidad.

→ ＿＿＿＿＿＿＿＿＿＿＿＿＿＿＿＿＿＿＿＿＿

4 次の能動文を、太字で示した主語を取り去って再帰受動文に書き換えなさい。

1) En este barrio **la gente** produce muchos zapatos.

→ ＿＿＿＿＿＿＿＿＿＿＿＿＿＿＿＿＿＿＿＿＿

2) **El portero** abrió la puerta principal a las siete en punto.

→ ＿＿＿＿＿＿＿＿＿＿＿＿＿＿＿＿＿＿＿＿＿

3) Este mes **ellos** pusieron en marcha un proyecto muy importante.

→ ＿＿＿＿＿＿＿＿＿＿＿＿＿＿＿＿＿＿＿＿＿

1 下線に（　　）で示された動詞を使って、受動文（ser 受動文、もしくは再帰受動文）か不定主語文にしなさい。

1) ¿Puede usted hablar de La Alhambra de Granada?

— Claro. La Alhambra ＿＿＿＿＿＿ Patrimonio de la Humanidad por la UNESCO en 1984. (declarar)

2) ¿Qué hay en esta frutería?

— Pues, aquí ＿＿＿＿＿＿ naranjas valencianas. (vender)

3) ¿Te gustó la película de Bambi?

— Me puse muy triste cuando ＿＿＿＿＿＿ a la mamá de Bambi. (matar)

4) Por favor, profesor, ¿＿＿＿＿＿ (poder) entrar?

— Adelante.

5) Discúlpeme, señora. ¿Podría decirme por dónde ＿＿＿＿＿＿ a la Plaza Mayor? (ir)

6) Manolito, estás triste. ¿Qué te pasa?

— Es que ayer en la escuela me ＿＿＿＿＿＿ que tenía que estudiar más. (decir)

2 日本語を参考にして、適切なスペイン語を下線に書き入れなさい。

1) Si compras algo ahí, ＿＿＿＿＿＿.（何か買ったらおまけ (un regalo) がもらえる (dar)）

2) En esa época ＿＿＿＿＿＿.（数々の改革 (reformas) が行われた (realizar)）

3) Ayer ese hotel ＿＿＿＿＿＿ por el Ministerio de Salud.（閉鎖された (cerrar)）

4) Por esta calle ＿＿＿＿＿＿ al centro.（この通りを行けば都心です (llegar)）

5) Ayer ＿＿＿＿＿＿ chino.（昨日、私は中国人に間違えられた (tomar por)）

6) ¿＿＿＿＿＿ desde aquí hasta Kioto?（どれぐらい時間がかかりますか (tardar)）

3 必要があれば下線に se の適切な形を入れ、必要がなければ ✕ を入れなさい。

1) El médico me dice que no ＿＿＿＿ frote los ojos.

2) Juan vio esa situación y ＿＿＿＿ frunció las cejas.

3) Nosotros ＿＿＿＿ sacudimos el polvo del pantalón y salimos de allí.

4) Al verme, los chicos ＿＿＿＿ volvieron la espalda y se fueron.

5) Mi hijo, cuando hace algo malo, siempre ＿＿＿＿ rasca la cabeza.

6) Fui a la playa para tostar ＿＿＿＿ al sol.

Lección 8　文の構造と型

1 文の構造　2 文型　3 目的語が意味上の主語になる表現

1 文の構造

1-1 単文 ＜主部 + 述部＞

El padre de Luis dice eso .

1-2 複文

1) ＜主部 + 述部（主部 + 述部）＞

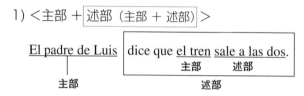

El padre de Luis | dice que el tren sale a las dos.
主部 / 述部

▶文全体の主述構造を**主節**、主節の内部に含まれる節（主部+述部から成っている）を**従属節**という。

2) 従属節の種類

a. 名詞節（名詞的な働きをもった従属節）

Es cierto que sale a medianoche.（主語）

Creo que Felipe se va a su pueblo dentro de poco.（直接目的語）

→ { Le pregunté dónde estaba.（従属節が**部分疑問文**の場合）

Me preguntaron si era de China.（従属節が**全体疑問文**の場合）

La verdad es que estoy harto de este trabajo.（ser の補語）

b. 名詞修飾節（接続詞を介して**名詞**を修飾してその内容を説明する従属節）

Muchos están de acuerdo con **la idea** de que es mucho más fácil amar que odiar.

Tengo **miedo** de que ocurra algo malo.

c. 関係節（関係詞に導かれる従属節）

Las señoras que vienen hoy son amigas de nuestra madre.

Llegamos a una ciudad donde no había ni un alma.

d. 副詞節（副詞と同じように働く従属節）

Llevo un diccionario <u>cuando voy al extranjero</u>.（時）

<u>Como estoy resfriada</u>, no puedo ir.（原因・理由）

Cómprate algo <u>para que los niños no tengan hambre</u>.（目的）

Lo hice <u>como me indicaron</u>.（様態）

<u>Aunque llueva</u>, iremos de excursión.（譲歩）

<u>Si te levantas temprano</u>, podrás ver el sol apareciendo por el horizonte.（条件）

1-3 句

1) 名詞句（2つ以上の語が集まって名詞の役割を果たす句）

mi casa　　el amigo de mi hermano　　el libro que compré ayer

▶文は＜**名詞句 ＋ 動詞句**＞から成っている。

<u>El chico que conocí ayer</u> ──────── <u>nos viene a visitar hoy</u>.
名詞句（主部）　　　　　　　　　　**動詞句**（述部）

2) 形容詞句（2つ以上の語が集まって形容詞の役割を果たす句）

Es un profesor **muy famoso**.　Este es uno de los castillos **más antiguos** de Japón.

Es un robot **con forma de gato**.

3) 副詞句（2つ以上の語が集まって副詞の役割を果たす句）

Te voy a amar **para siempre**.（副詞慣用句）　**Sin ti**, no puedo hacer nada.（前置詞句）

Al anochecer, volvió a casa.（不定詞句）**Andando cinco minutos**, lo encontrarás.（分詞句）

▶その他の副詞慣用句： a veces, con razón, de paso, en absoluto, en seguida, sin falta, por supuesto, sobre todo, boca abajo/arriba, más o menos など多数。

▶句のまとめ

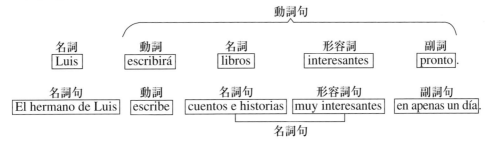

2 文型

2-1 ＜主語 + 自動詞 + ［間接目的語］＞

自動詞：直接目的語をとらない動詞

Felipe pasea por allí todas las mañanas.

▶ "por allí" や "todas las mañanas" のような副詞句は、**状況補語**と呼ばれ、動作が行われる状況を補足するものであり、どの文型にも現れる。したがって、この文の基本型は ＜Felipe（主語）+ pasea（自動詞）＞ である。

Ese estudiante escribió a su profesor. （+ 間接目的語）

Me gustan mucho las corridas de toros. （+ 間接目的語）

2-2 ＜主語 + 自動詞 (ser/estar) + 主格補語＞

補語とは、主語や目的語を補完する役割をもつ語。

▶ ser, estar（繋辞動詞）の他に parecer, quedar など（準繋辞動詞）も使われる。

El señor Pérez es profesor de español.　　Mi madre está resfriada.

La profesora parece cansada.

　▶ 一部の状態の動詞は繋辞動詞的に使われることがある。

Los niños duermen tranquilos.

2-3 ＜主語 + 他動詞 + 直接目的語（名詞・代名詞・不定詞・節）＞

他動詞：直接目的語をとる動詞

Los alumnos visitaron un museo.　　Los niños quieren a sus padres.

Antonio te estaba buscando.　　Quiero ir a Perú.

Creo que hoy no viene el profesor.

2-4 ＜主語 + 他動詞 + 直接目的語 + 間接目的語（名詞・代名詞）＞

El policía enseñó una foto a la víctima.　Ellos nos dijeron que volverían pronto.

Le mandé preparar la cena.　　Mi madre me ha cortado el pelo.

2-5 ＜主語 + 他動詞 + 下線直接目的語 + 目的格補語（名詞・形容詞・過去分詞）＞

Eligieron <u>al señor García</u> *presidente del Gobierno.*

La gente llamó *héroe* <u>al hombre que la salvó.</u>（補語が前置される語順）

Hemos dejado <u>la casa</u> *muy limpia.*

> ▶知覚／放任動詞（dejar）での目的格補語は不定詞・現在分詞・過去分詞になる。また、使役動詞
>
> （hacer）では不定詞になる。（Lección 9, 4 参照）
>
> Vi <u>a los niños</u> *jugar (jugando)* en el jardín.　　La vi *sentada* en un banco del parque.

3 目的語が意味上の主語になる表現（間接目的語 + 自動詞 + 主語）

2-3

Me encanta tomar vino tinto con carne.

Me fastidia estar todo el día en casa estudiando.

¡No **me da la gana** de ir a la escuela!

Hacía tanto calor que **me entraron ganas** de tomar algún refresco.

¿Te da miedo/vergüenza ir sola?　— No, no **me da miedo/vergüenza**.

¿Te importa esperar un momento?　— Claro que no.

2-4

Un chiste

— Mamá, mamá, en el colegio me llaman despistado.

— Anda, niño, vete a tu casa.

1 次の文の従属節を指摘し、その従属節の種類（名詞節、名詞修飾節、関係節、副詞節）を答えなさい。

1) Mis amigos viven en un piso que tiene más de seis habitaciones.

   従属節 ：＿＿＿＿＿＿＿＿＿＿＿＿＿＿＿　従属節の種類：＿＿＿＿＿節

2) Mis alumnos dicen que mañana hay un examen de inglés.

   従属節 ：＿＿＿＿＿＿＿＿＿＿＿＿＿＿＿　従属節の種類：＿＿＿＿＿節

3) Cuando llueve, no tienes que salir de casa.

   従属節 ：＿＿＿＿＿＿＿＿＿＿＿＿＿＿＿　従属節の種類：＿＿＿＿＿節

4) Voy a bañarme en la playa aunque hace un poco de frío.

   従属節 ：＿＿＿＿＿＿＿＿＿＿＿＿＿＿＿　従属節の種類：＿＿＿＿＿節

5) Yo tengo la impresión de que todos mis amigos han aprobado el examen de la beca.

   従属節 ：＿＿＿＿＿＿＿＿＿＿＿＿＿＿＿　従属節の種類：＿＿＿＿＿節

2 次の各文の囲いを施した語句や節が、主語、動詞（自動詞）、動詞（他動詞）、直接目的語、間接目的語のいずれにあたるかを指摘し（　　）内に書き入れなさい。

　　　　（　　　　）　　（　　　　　）
1) Mis alumnos　entraron　en la universidad.

　　　　　　　　　　（　　　）（　　　　）　（　　　　）
2) Ayer en la calle me　habló　una señora .

　（　　　）（　　　）　　　　（　　　　）
3) Manuel　dice　que su hijo comprará una casa .
　　　　　　　　　　（　　　）（　　　）（　　　）

1 次の(ア)〜(カ)の文は、あるアニメについての記述である。それぞれの文が下にあげた
1)〜5) のどの文型にあてはまるか、その記号を書き入れなさい。

Doraemon — 《el Gato Cósmico》

(ア) Nobita Nobi es un niño con gafas de quinto curso del colegio.

(イ) Nobita vive en Tokio.

(ウ) Un día, en el cajón del escritorio de Nobita aparece un gato extraño que nunca ha visto antes.

(エ) El gato le cuenta a Nobita que en el siglo XXII su tataranieto Sewashi y su familia están en apuros de dinero a causa de errores que cometerá Nobita.

(オ) Doraemon tiene un bolsillo cuatridimensional del que saca toda clase de aparatos interesantes del siglo XXII.

(カ) La amistad con sus amigos Gigante, Suneo y Shizuka a menudo nos hace tanto reír como llorar.

1) ＜主語 + 自動詞 + [間接目的語]＞　　　　例：Juan duerme en la cama.　　　_____

2) ＜主語 + 自動詞 (ser/estar) + 主格補語＞　　例：Juan es arquitecto.　　　_____

3) ＜主語 + 他動詞 + 直接目的語＞　　　　　例：Juan lee un libro.　　　_____

4) ＜主語 + 他動詞 + 直接目的語 + 間接目的語＞　例：Juan regaló un anillo a María.　　_____

5) ＜主語 + 他動詞 + 直接目的語 + 目的格補語＞　例：Juan vio a su hijo jugando en el parque.　_____

2 太字で下線を引いた(A)〜(D)の従属節の種類（名詞節・名詞修飾節・関係節・副詞節）
を答えなさい（4種類すべてがあるとは限りません）。

　　Nobita Nobi es un niño con gafas de quinto curso del colegio que vive en Tokio. Un día, en el cajón de su escritorio aparece un gato extraño **que nunca ha visto antes (A)**. Este le cuenta **que en el siglo XXII su tataranieto Sewashi y su familia están en apuros de dinero a causa de errores que cometerá Nobita (B)**. Por ello, le envía desde el futuro su robot con forma de gato **que se llama Doraemon (C)** para corregir los problemas y ayudarle **a que sea una persona responsable y menos perezosa (D)**.

(A) _____   (B) _____

(C) _____   (D) _____

Lección 9　動詞の非人称形

1 不定詞　2 現在分詞　3 過去分詞
4 知覚/使役/放任動詞 + 動詞の非人称形（+ 目的語）　5 継続の表現

非人称形（法・時制・人称・数によって形が変わらない動詞）：不定詞、現在分詞、過去分詞

1 不定詞

1-1 不定詞の働き（動詞の名詞形）

Ver es creer.（主語）（→ 冠詞を伴うこともある。**El fumar** es perjudicial para la salud.）

Es difícil **entender** este libro.（主語）　　Mi deseo es **ir** a España.（主格補語）

Trabajo para **vivir**.（前置詞の目的語）　　Quiero **visitar** a la profesora.（直接目的語）

Veía a mi madre **preparar** la comida.（目的格補語：知覚・放任・使役の動詞と共に）

Al **venir** a mi casa, María siempre trae algo.（状況補語：al + 不定詞など）

1-2 主動詞の主語と不定詞の主語は同じ（知覚・放任・使役の動詞は除く）

(Yo) quiero **ir** a la fiesta. ―――― (Yo) quiero que (tú) vayas a la fiesta.

▶＜al + 不定詞＞は、単人称動詞（llover, nevar, anochecer, atardecer, amanecer など）であれば、
主語が異なっていても不定詞を使ってもよい：Al **llover**, todos los seres vivos renacen.

1-3 不定詞の単純形と複合形

Siento mucho **molestar**te.　　≠　　Siento mucho **haber**te **molestado**.

Me alegro de **conocer**te.　　≠　　Me alegro de **haber**te **conocido**.

1-4 その他の不定詞を使った構文

Me puse a **estudiar**.　　La niña rompió (se echó) a **llorar**.　　No sé qué **decir**te.

¿Tienes algo que **hacer**? — No, no tengo nada que **hacer**.

No tiene ningún lugar donde **dormir**.（→ No tiene donde/dónde **dormir**.）

No sé la manera como **explicar**te.（→ No sé como/cómo **explicar**te.）

Dejaremos de **hablar** de tonterías.　　No dejes de **llamar**me cuando llegues.

Los alumnos han terminado de **estudiar**.　　Los niños acaban de **salir**.

Ella debe [de] **tener** más de 20 años.　　Hay que **leer** libros para saber más cosas.

2 現在分詞

動詞の副詞形である。

2-1 進行形 ＜estar + 現在分詞＞

1) 現在形や線過去形の進行性や反復性の強調

Cuando vino Alberto, su mujer **estaba paseando** (← paseaba) por el jardín.

La niña **está saltando** (← salta) alegremente en la playa.

2) 漸次的な意味（「だんだん～」）を表す。

Pepe se parece a su padre. → Pepe **se está pareciendo** cada vez más a su padre.

3) ２種類の過去進行形（点過去と線過去の進行形）

a. 点過去の進行形は、ayer や durante などの時間の区切りを示す副詞（句）がある場合が多い。

Ayer todo el día **estuve charlando** con ella.

Los niños **estuvieron jugando** en el parque durante 3 horas.

b. 線過去の進行形は、ある出来事が起こったその**背景**（バックグラウンド）を表す。

Cuando me desperté, mi padre **estaba viendo** la tele.（veía の進行性の強調）

2-2 進行形＜seguir, ir, venir + 現在分詞＞

Entró el profesor, pero los alumnos **seguían charlando**.

La situación económica **va mejorando**.　　Eva **viene estudiando** este asunto.

2-3 主動詞の行為と重なる継続的行為

La niña contestó **llorando**.　　No estudies **viendo** la tele.

2-4 分詞構文

ふたつの出来事の論理関係（条件・原因など）を接続詞の代わりに分詞を使って表す構文。

（条件）　Si hablas con él, sabrás la verdad. → Hablando con él, sabrás la verdad.

（原因）　Como estaba muy mal, fui al médico.→ Estando muy mal, fui al médico.

（時）　　Cuando salió de casa, vio que hacía sol. → Saliendo de casa, vio que hacía sol.

（譲歩）　Aunque lo sepa, no me lo dirá. → Aun sabiéndolo, no me lo dirá.

（結果）　Se fue de allí y volvió años después. → Se fue de allí, volviendo años después.

▶分詞の主語が主動詞の主語と異なる場合、分詞の主語は後置される。

Entrando el jefe, **todos** se callaron.

3 過去分詞

動詞の形容詞形である。

3-1 名詞を修飾する。

El lobo sopló y destruyó fácilmente la casa **hecha** de paja.（← hacer）

Allí había un gato **dormido**.（← dormir）

Somos una pareja **casada** hace poco.（← casarse）

3-2 受動態を作る：ser + 過去分詞・estar + 過去分詞（→ Lección 7）

3-3 tener + 他動詞の過去分詞（直接目的語と性・数一致）

Ya **tengo escrita** la carta. Ya **tengo traducidas** 20 páginas.（行為の結果とその状態）

Te **tengo dicho** mil veces que no comas galletas sobre la cama.（行為の反復）

3-4 分詞構文（時・条件・原因・譲歩・様態の意味を主動詞の行為に対して完了で表す）

▶過去分詞は関係する名詞の性数に一致する。

（時）　**Terminadas** las tareas, los niños salieron a la calle.

（原因）Una vez **acostumbrados** a la vida de aquí, ellos están contentos.（意味上の主語と性数一致）

▶過去分詞の主語が主動詞の主語と異なる場合がある（独立分詞構文：過去分詞の主語は後置）。

Una vez **empezada** la película, no se abrirán las puertas.

4 知覚/使役/放任動詞 + 動詞の非人称形（＋目的語）

4-1 知覚動詞（**ver, oír, notar, sentir, escuchar, encontrar** など）・放任動詞（**dejar**）

1）非人称形の種類（不定詞／現在分詞／過去分詞）

Oigo **cantar** a los pájaros.（+ 不定詞：**行為の知覚**）

Anoche vi a mi hermano **charlando** con su amiga.（+ 現在分詞：**行為の進行の知覚**）

La vi **sentada** en un banco del parque.（+ 過去分詞：**状態の知覚**）

Dejé **jugar** a las niñas.（+ 不定詞：**行為の放任**）

Déjala **bailando**.（+ 現在分詞：**行為の進行の放任**）

La dejamos **dormida**.（+ 過去分詞：**状態の放任**）

▶不定詞が目的語や補語などを従えている場合には後置されることが多い。

Vi a mi madre **preparar** la comida.

2) 対象の形式

     ┌ Veo **trabajar** a Laura.（trabajar＝自動詞）   → La veo **trabajar**.
     └ Veo a Laura **leerlo**.（leerlo＝他動詞 + 目的語） → Le veo **leerlo**.

     ┌ Dejé **trabajar** a Laura.（trabajar＝自動詞）   → La dejé **trabajar**.
     └ Dejé a Laura **leerlo**.（leerlo＝他動詞 + 目的語） → Le dejé **leerlo**.

    ▶参考：ver と dejar は、＜他動詞 + 目的語＞の場合でも直接目的語を取ることがある。

      La veo leerlo. / La dejé leerlo.

4-2 使役動詞（**hacer**）

1）非人称形の種類（不定詞）

    Hicieron **trabajar** a María.　（hacer + 不定詞：行為の使役）

2）対象の形式

   a. Hice **trabajar** a Laura.（trabajar＝自動詞）→ La hice **trabajar**.

   b. Hice a Laura **leerlo**.（leerlo＝他動詞 + 目的語）→ Le hice **leerlo**.

4-3 目的格代名詞の位置

    Tenía trabajo e hice **esperar** a mi novia.　→　○ La hice **esperar**.　　× Hice esperarla.

5 継続の表現

2-9

＜**llevar** + 現在分詞 / 過去分詞 / **sin** + 不定詞＞

Llevábamos media hora **esperando**.　　**Llevo** diez años [**viviendo**] en esta ciudad.

Isabel y Carlos **llevan** cinco años **casados**.　　**Llevo** dos días **sin dormir**.

Mini-diálogo

Un chiste

(Se muere un hombre y se acerca un amigo a su hijo tonto.)

— Lo siento.

— No, déjalo acostado, tal como está.

1 (　) 内の不定詞を必要に応じて現在分詞、過去分詞、不定詞にしなさい。

1) Los asistentes animaron la fiesta (contar)＿＿＿＿＿ chistes.

2) En este hospital los recién (nacer)＿＿＿＿＿ siempre están (llorar)＿＿＿＿＿.

3) Si quieres estar en forma, es importante (dormir)＿＿＿＿＿ bien.

4) ¿Quién es el señor (acostarse)＿＿＿＿＿ en la cama?

5) Estaba (sentarse, yo)＿＿＿＿＿ cerca de la ventana porque hacía mucho calor.

6) Como estaba (ducharse, yo)＿＿＿＿＿, no me di cuenta de la llamada.

7) ¿Ya has terminado el trabajo de traducción?

　　— Sí, más o menos. Ya tengo (traducir)＿＿＿＿＿ 90 páginas y solo me quedan 10.

8) Ya ha pasado un día entero, pero él todavía sigue (buscar)＿＿＿＿＿ el billete (perder)＿＿＿＿＿.

9) Si quieres ser profesor de verdad, no estudies (ver)＿＿＿＿＿ la tele.

10) Como no teníamos nada que (hacer)＿＿＿＿＿, nos divertimos (jugar)＿＿＿＿＿ a las cartas.

11) Me han regalado por mi cumpleaños un cuadro (pintar)＿＿＿＿＿ a la acuarela.

12) Al (sonar)＿＿＿＿＿ el teléfono, al instante supe que eras tú.

13) En Paraguay se ha publicado una novela (escribir)＿＿＿＿＿ en guaraní.

14) ¿Qué hace Pepe? — De momento se gana la vida (vender)＿＿＿＿＿ helados en la calle.

15) En este país se importan muchos productos (hacer)＿＿＿＿＿ en Japón.

16) El supermercado ahora está de rebajas, así que hay mucha gente (hacer)＿＿＿＿＿ cola.

17) Oye, Isabel. Anoche soñé que estabas (vestirse)＿＿＿＿＿ de novia. ¿Será un sueño profético?

2 次の文は llevar を使った継続の表現である。（ 　 ）内の不定詞を必要に応じて現在分詞、過去分詞、不定詞にしなさい。

1) Mi hija está resfriada y lleva dos días (acostarse)＿＿＿＿＿ en la cama.

2) Juan lleva media hora (lavarse)＿＿＿＿＿ las manos.

3) Los soldados llevaban tres días sin (comer)＿＿＿＿＿ nada.

4) Algunos japoneses llevan muchos años (secuestrarse)＿＿＿＿＿ en Corea del Norte.

3 次の分詞構文を和訳しなさい。

1) Viajando juntos, no nos aburrimos en el camino. →＿＿＿＿＿＿＿＿＿＿

2) Acabada la cena, nos fuimos a la cama. →＿＿＿＿＿＿＿＿＿＿

3) Durmiendo la siesta, hablo en sueños. →＿＿＿＿＿＿＿＿＿＿

4) Viniendo tú mañana, no necesitaremos a nadie más. →＿＿＿＿＿＿＿＿＿＿

応用問題

1 例にならってllevar + 現在分詞 / 過去分詞 / sin + 不定詞を使った継続の表現にしなさい。

例）Ellos son un matrimonio. Hace diez años que se casaron. → Llevan diez años casados.

1) Hace una hora que Emilio espera el autobús. → Emilio _____

2) Hace medio año que mi padre no bebe alcohol. → Mi padre _____

3) Trabajamos en Osaka desde hace 40 años. → _____

4) Ana se sentó en el sofá hace una hora y sigue sentada. → Ana _____

2 次の文を現在分詞を使った分詞構文に書き換えなさい。

1) Como Maribel corrió tanto, llegó agotada a la universidad. →_____

2) Cuando iba hacia la casa de Julio, me encontré con él. →_____

3) Si comes menos, podrás adelgazar. →_____

4) Cuando llegue la primavera, tu abuelo se va a mejorar. →_____

3 （　）内の不定詞を必要に応じて現在分詞、過去分詞、不定詞にしなさい。

1) No sabía qué (contarte)_____.

2) Cuando veas a Carmen, no dejes de (darle)_____ recuerdos de mi parte.

3) ¿Ya ha preparado usted las invitaciones? — Claro. Ya las tengo (escribir)_____.

4) ¿Este accidente tiene algo que (ver)_____ con el de ayer? — No, no tendrá nada que (ver)_____.

5) Creo que las notas de su hijo van (mejorar)_____ poco a poco.

6) La niña, que había estado solita durante mucho tiempo, cuando vio a su madre, se puso a (llorar)_____.

4 文中の（　）内の語を並べ替えてスペイン語の応答文を完成させなさい。ただし、ひとつだけ足りない語があるのでそれを以下の枠から選んでそのままの形で付け加えなさい。

salir	acostada	cantando	jugar	leer

1) ¿De pequeños qué hacíais cuando teníais tiempo?
   — Los maestros (fútbol / dejaban / nos / al).

2) Oye, ¿no has visto a mis hijas? — Sí, hace poco (la / de / habitación / he visto / las).

3) ¿Qué haces cuando hace buen tiempo? — Pues, (oigo / en / a / los / el / pájaros) jardín.

4) ¿Está bien Julia?
   — No creo que esté bien. Es que esta tarde (sofá / en / he visto / la / el).

5) ¿Qué deberes te mandaron durante las vacaciones?
   — Mi maestra (novela / una / Miguel Delibes / de / hizo / me).

Lección 10　直説法の単純時制

1 直説法現在　2 直説法点過去　3 直説法線過去　4 直説法未来
5 直説法過去未来　6 点過去と線過去の比較

1 直説法現在

1-1 基本的用法（発話時における未完了の行為や状態を表す）

Ahora **ve** la televisión.（発話時に展開されている行為・状態）

Siempre **voy** a la universidad en bici.（現在における習慣的行為）

Mañana mi padre **viene** a verme.（確実な未来の行為）

1-2 注意すべき用法

1) 過去に始まり現在も継続されている行為を表す。

Hace dos años que **estudio** español.　　**Llevo** cinco años estudiando español.

▶否定の継続の場合

Hace diez años que no **bebo** alcohol.　　**Llevamos** dos días sin dormir.

2) 過去の行為であるが発話時に展開されている行為（traer, venir, llegar などの動詞）。

Profesor, hoy **vengo** a saludarle.　　Mira, **traigo** el pastel que te gusta. Toma.

3) 歴史的現在・物語的現在

Los árabes **llegan** a la Península Ibérica en el año 711.

¡Ayer me dio un susto! Resulta que **entro** en la habitación y me **dice** Eva que...

4) ＜por poco / casi + 物語的現在＞

Me caí en el río y por poco **me ahogo**. / Él me contó un chiste y casi **me muero** de risa.

2 直説法点過去

2-1 基本的用法 （過去時における完了の行為や状態を表す）

El mes pasado **viajamos** por Europa. （終了した過去の出来事）

Mi padre **vivió** en Barcelona 20 años. （終了の時期が明示された行為）

La **llamé** muchas veces, pero no me **contestó**. （過去のひとつのまとまった出来事）

▶ 《hace 〜 que...》の構文について

Hace 5 años que **vine** aquí. （終了した行為）

└──▶ Hace 5 años que <u>vivo</u> aquí. （現在に及んでいる行為）

2-2 注意すべき用法

現在時における否定を表す。

En este país las cosas no están como **estuvieron** antes.

3 直説法線過去

3-1 基本的用法 （過去時における未完了の行為・状態を表す。→背景描写）

Emilio dijo que **tenía** 20 años.　　　Cuando llegaron a París, **llovía**.

Antes **comía** de vez en cuando en casa de mi abuela.

Era de noche. No **había** ni un alma en la calle.

▶ 過去における tener を使った**年齢**や ser を使った**時刻**表現は線過去で表される。

Volvió mi hija. **Eran** las dos.　　Por fin ingresé en la universidad. **Tenía** 25 años.

ただし、cumplir ~ años「〜歳になる」や dar la(s) ~「（〜時を）打つ」はその限りではない。

Justo antes de partir, <u>cumplió</u> 30 años.　　Cuando salí de la oficina, <u>dieron</u> las 8.

3-2 注意すべき用法

1) 過去における未来

Gerardo dijo que **salía** / **iba a salir** a las 9 al día siguiente.

(← Gerardo dice que <u>sale</u> / <u>va a salir</u> a las 9 mañana.)

2)「未遂」の線過去

Cuando sonó el teléfono, Eva **se levantaba** de la cama. (= iba a levantarse)

3) 婉曲表現

¿Qué **querían** ustedes? — **Veníamos** a recoger las entradas del concierto.

4 **直説法未来**

4-1 基本的用法（未来時における未完了の行為・状態を表す）

La próxima semana **iré** de excursión con Cecilia.

4-2 注意すべき用法

1) 現在の行為や状態の推量

A estas horas mi padre **estará** en la oficina.（está の推量）

Su abuela ahora **tendrá** más de 90 años.（tiene の推量）

2) 規則や法律関係の文書で規程や予定を表す。

Para solicitar el visado, **deberá** presentar una foto en color.

3) ほぼ成句に近い表現

Mañana viene el jefe. ¿Qué nos contará? — **Ya veremos**.

Ya verás que todo va muy bien.　　Adiós. **Nos veremos**.

5 **直説法過去未来**

5-1 基本的用法（過去時から見た未来の行為・状態）

José me dijo anteayer que **saldría** al día siguiente / hoy / mañana.

5-2 注意すべき用法

1) 過去の行為や状態の推量

Si Luis no cogió el teléfono, es que **estaría** en la ducha.（estaba の推量）

2) 歴史的記述での過去から見た未来

Gala y Dalí se casaron en 1934 en una ceremonia civil, y **volverían** a hacerlo por el rito católico en 1958.

3) 婉曲表現

Me **gustaría** saber si todavía quedan entradas.（願望を丁寧に伝える）

Yo **diría** que hablar en japonés no es muy difícil.（主張を和らげる）

Deberías ser más diligente.（助言を和らげる）

4) 非現実的条件文の帰結節での使用（Lección 13, 2-2 参照）

6 点過去と線過去の比較

Un día **fuimos** a la playa.（過去の一度だけの行為）
Todos los días **íbamos** a la playa.（繰り返し行った行為）

Supimos dónde estaba escondida.（「分かった、知った」：始点）
Sabíamos dónde estaba escondida.（「分かっていた、知っていた」：継続）

Tuve una cita con Marta.（終わった過去の行為）
Tenía una cita con Marta.（終わったかどうか不明の行為）

Tuve que ir al dentista.（実現された「義務的行為」）
Tenía que ir al dentista.（実現されたかどうか不明の「義務的行為」）

Me **gustó** la comida española.（過去の一度だけの行為）
Me **gustaba** la comida española.（ずっと続いていた行為や状態）

Ayer **trabajé** todo el día.（過去の行為の記述）
Ayer **trabajaba**, cuando ocurrió un terremoto.（背景描写）

Ayer **hubo** un accidente muy grande en la plaza.（出来事）
Ayer **había** mucha gente en la plaza.（存在）

Javier dijo que **fue** en tren.（過去における完了）
Javier dijo que **iba** en tren.（過去における未完了＝主動詞と比べて同時か未来の行為）

Mini-diálogo

Un chiste

— Manolito, ¿cuánto tiempo hace que no te bañas?

— Pues ... solo hace un par de semanas.

— Hace 15 días, ¡qué asco!

— No, hace un par de Semanas Santas.

EJERCICIOS 10　　　基本問題

1（　　）内の不定詞を点過去に活用させ、その時制の用法を確認しなさい。

1) Ayer (haber)＿＿＿＿＿ un terremoto bastante grande.

2) El domingo pasado (ir, yo)＿＿＿＿＿ al cine. — ¡Qué bien! Y ¿te (gustar)＿＿＿＿＿ la película?

3) ¿Aprendes tango desde hace mucho? — (empezar, yo)＿＿＿＿＿ a asistir a este curso hace cinco años.

4) Para obtener una entrada para este concierto, (tener, yo)＿＿＿＿＿ que levantarme las 5. ¡Ay, qué sueño tengo!

5) Ayer (llover)＿＿＿＿＿ todo el día y hoy hace un sol de justicia.

6) Ayer dijeron en la televisión que el ex primer ministro japonés Shinzo Abe (ser)＿＿＿＿＿ asesinado este viernes.

7) A ti te ha tocado la lotería, ¿a que sí? — Pero, ¿cómo lo (saber, tú)＿＿＿＿＿?

8) Mis tiós (estar)＿＿＿＿＿ en Perú durante veinte años y después se trasladaron a Chile para trabajar en un hotel.

2（　　）内の不定詞を線過去に活用させ、その時制の用法を確認しなさい。

1) Cuando (ser, nosotros)＿＿＿＿＿ pequeños, (ir)＿＿＿＿＿ al campo de fútbol a ver partidos.

2) Ayer cuando salí de casa, (llover)＿＿＿＿＿ a cántaros.

3) La profesora dijo ayer en la escuela que (tener, nosotros)＿＿＿＿＿ que estudiar más.

4) Ayer me encontré con Roberto, pero a primera vista no lo reconocí porque (llevar)＿＿＿＿＿ gafas y mascarilla.

5) Emilia me dijo que (ir)＿＿＿＿＿ a cumplir su palabra.

6) Anoche mi hijo me dijo que fuéramos a un parque. ¡Pero, ya (ser)＿＿＿＿＿ de noche!

7) Mis compañeros (creer)＿＿＿＿＿ que yo (estar)＿＿＿＿＿ casado.

8) ¿De niño te (gustar)＿＿＿＿＿ las películas norteamericanas?

応用問題

1 現在や過去の推量で答えなさい。

1) Todavía no sé nada de la excursión de mañana. — (saber)＿＿＿＿ algo tu amiga Belén.

2) No sé si le gusta la comida japonesa al Sr. García. — Pero el sushi, seguro que le (gustar)＿＿＿＿.

3) ¿Entonces lo sabían todos tus amigos? — Imagino que algunos lo (saber)＿＿＿＿.

4) ¿Tendremos que esperar mucho para sacar entradas?
   — No estoy seguro, pero ya (haber)＿＿＿＿ mucha gente haciendo cola.

5) ¿A qué hora volvió Ema? — No me acuerdo bien, pero creo que (ser)＿＿＿＿ como las once.

2 枠内の不定詞を直説法現在、点過去、線過去のいずれかに活用させて下線に入れなさい。なお、不定詞の使用は一度のみとします。

> empezar viajar estudiar vivir andar gustar decir haber llegar

1) Hace una semana ＿＿＿＿ a Kioto con algunos amigos. Me lo pasé muy bien.

2) Hace una semana ＿＿＿＿ por la Gran Vía, y entonces me atropelló una bicicleta.

3) Todos mis amigos dijeron que no les ＿＿＿＿ las verduras.

4) ¿A qué hora llega Carlos? — Ayer me ＿＿＿＿ que ＿＿＿＿ a la una.

5) Hace 2 años que (yo)＿＿＿＿ a estudiar español.

6) Hace 2 años que ＿＿＿＿ español. Ahora estoy en el tercer curso.

7) ¿Cuánto tiempo ＿＿＿＿ Shintaro en Perú? — 10 años. Ahora vive en Japón.

8) Ayer en esa esquina ＿＿＿＿ un accidente de tráfico.

3 文脈に応じて、（　）内の不定詞を直説法の単純時制に活用させなさい。

1) ¿Por qué te duelen tanto las piernas? — Es que ayer (andar)＿＿＿＿ mucho en la excursión.

2) No sé qué hora (ser)＿＿＿＿ cuando (llegar, él)＿＿＿＿ a casa ayer. Pero, imagino que (ser)＿＿＿＿ las nueve o diez.

3) Ayer en el supermercado (haber)＿＿＿＿ mucha gente. A lo mejor (hacer)＿＿＿＿ rebajas.

4) Cuando viniste, ya (ir, yo)＿＿＿＿ a irme de ahí.

5) ¡Ya (ver, tú)＿＿＿＿ que un día voy a ganar el primer premio!

6) Ayer (estudiar, yo)＿＿＿＿ en casa de mi amigo. Así que hoy podré sacar buenas notas.

7) Ayer (estudiar, yo)＿＿＿＿ en casa de mi amigo. Entonces de repente ocurrió un terremoto.

8) <En la tienda> ¿Qué (desear)＿＿＿＿ ustedes?
   — (querer, nosotros)＿＿＿＿ un móvil de último modelo.

61

Lección 11　直説法の複合時制・接続法の時制

1 直説法現在完了　2 直説法過去完了　3 直説法未来完了　4 直説法過去未来完了
5 接続法現在　6 接続法過去　7 接続法現在完了　8 接続法過去完了

1 直説法現在完了

1-1 基本的用法（現在時における完了を表す）

Pedro ya **ha terminado** los deberes.（完了）

Hasta ahora **se han descubierto** muchas ruinas en esta zona.（継続）

¿**Has estado** alguna vez en España? — No, nunca **he estado**.（経験）

Esta mañana **he hablado** con mi padre.（終了していない期間内の出来事：hoy, esta mañana, esta semana, este mes, este año, este verano などと共に。ただし、主にスペインでの用法）

▶否定文では現在における否定の状態を表す（todavía などの副詞と共に）

Todavía no **hemos leído** el periódico de hoy.

1-2 現在完了と点過去の比較

Este año **ha llovido** mucho.

El año pasado **llovió** mucho.

He estudiado la lección.（完了・終了に重点）

Estudié la lección.（何をしたかに重点）

Hace un año que **ha muerto** mi marido.

Hace un año que **murió** mi marido.

1-3 現在完了と現在の比較

Hace cuatro años que **aprendo** español aquí.

Hace cuatro años que **he aprendido** español aquí (y manaña me voy a graduar).

2 直説法過去完了

2-18

基本的用法（過去時における完了を表す）

Cuando llegué a casa, el programa ya **había terminado**.（完了）

Antes de 1900 ya **se habían descubierto** ruinas incas muy interesantes.（継続）

Juan me contó que nunca **había estado** en España.（経験）

3 直説法未来完了

2-19

3-1 基本的用法（未来時における完了を表す）

Pedro **habrá terminado** el trabajo para mañana.

Mañana, cuando llegues a casa, tu padre **habrá salido**.

3-2 派生的用法（現在完了の推量）

Mi hijo ya **<u>ha llegado</u>** a la universidad.

⇩ **[+ 推量]**（「～だろう」）

Mi hijo ya **<u>habrá llegado</u>** a la universidad.

4 直説法過去未来完了

2-20

4-1 基本的用法（過去から見た未来時における完了を表す）

Felipe dijo que lo **habría terminado** para el día siguiente.

Nos prometieron que **habrían regresado** para Navidad.

4-2 派生的用法（過去完了の推量）

Cuando me levanté, mi hijo ya **<u>había llegado</u>** a la universidad.

⇩ **[+ 推量]**（「～だろう」）

Cuando me levanté, mi hijo ya **<u>habría llegado</u>** a la universidad.

▶非現実条件文の帰結節における用法（→ Lección 13, 2. 参照）

▶直説法の複合時制のまとめ（→Apéndice 3）

5 接続法現在

2-21

現在時や未来時における未完了の出来事を表す（直説法の現在と未来に対応する）。

Me alegro de que **estés** bien.（現在）

Dudo que mi hijo **vaya** a clase todos los días en bici.（習慣的現在）

Es importante que tú **vengas** solo mañana.（未来）

6 **接続法過去**

過去時や過去から見た未来時の出来事に言及する（直説法の点過去、線過去、過去未来に対応する）。

Creo que llegó a tiempo. → No creo que **llegara** a tiempo.（過去）

Creí que estabas cansado. → No creí que **estuvieras** cansado.（過去における同時）

Sabía que me traerían algo. → Dudaba que me **trajeran** algo.（過去から見た未来）

▶ イスパノアメリカでは **-ra**形のみが使用され、スペインでは **-ra**形 **-se**形ともに使われる。

▶ 婉曲表現では **-ra**形のみが使われる。Quisiera(× Quisiese) hablar con la señora.

▶ 非現実的条件文における用法（→ Lección 13, 2-2 参照）

7 **接続法現在完了**

現在時や未来時における完了の出来事を表す（直説法の現在完了、未来完了に対応する）。

Siento que tu hermano **haya suspendido** el examen.（現在時における完了）

En cuanto **hayas terminado** la tarea, vete a la cama.（未来時における完了）

8 **接続法過去完了**

過去時、あるいは過去から見た未来時における完了の出来事を表す（直説法の過去完了、過去未来完了に対応する）。

Me alegré mucho de que **hubieran aprobado** el examen.（過去時における完了）

Ayer quería que **hubieses terminado** antes de que volviera el jefe.

（過去から見た未来時における完了）

— Mi mujer está embarazada.

— ¡Enhorabuena, Lucas! ¿Y para cuándo lo esperáis?

— Para finales de junio, así que cuando vuelvas de
las vacaciones, ya habrá nacido.

1　(　)内の不定詞を直説法の現在完了か点過去、もしくは過去完了にしなさい。

1) ¿Hoy (ver, tú)＿＿＿＿＿ a mi hijo? Ayer lo (ver, yo)＿＿＿＿＿ en la universidad, pero hoy no.

2) Las semana pasada (bañarse, yo)＿＿＿＿＿ en el mar de Okinawa. — ¡Qué bien! Yo nunca (estar)＿＿＿＿＿ en ninguna de esas islas de allí.

3) Ayer cuando el profesor (entrar)＿＿＿＿＿ en la clase, estaba sin corbata, porque ya (quitársela)＿＿＿＿＿ antes.

4) Hace un par de días (encontrarse, yo)＿＿＿＿＿ con un viejo amigo y (estar, nosotros) ＿＿＿＿＿ hablando casi una hora en la calle.

5) La economía de este país (desarrollarse)＿＿＿＿＿ constantemente hasta ahora.

6) Era un paisaje asombroso. Llevaba 10 años haciendo alpinismo entonces, pero nunca (ver, yo)＿＿＿＿＿ un panorama tan bonito como ese.

7) Esta noche Papá Noel les da regalos a los niños que (ser)＿＿＿＿＿ buenos durante este año.

8) Todavía no (llegar, nosotros)＿＿＿＿＿ a casa cuando empezó a llover.

2　次の文は、<u>直説法現在完了の推量</u>としての未来完了、及び、<u>直説法過去完了の推量</u>としての過去未来完了です。(　)内の不定詞を直説法未来完了か過去未来完了にしなさい。

1) Son las doce. Ana ya (acostarse)＿＿＿＿＿.

2) Felipe vuelve a trabajar desde mañana. — ¡Buena noticia! (recuperar)＿＿＿＿＿ la salud.

3) Marta aprobó el examen. (estudiar)＿＿＿＿＿ mucho.

4) Esta tarde Ricardo ha probado el sushi por primera vez. Como el pescado es su comida favorita, creo que le (gustar)＿＿＿＿＿.

5) ¡Mira, el salón está lleno de gente! (mandar, ellos)＿＿＿＿＿ muchas invitaciones.

6) Cuando llamé a Isabel, ya (irse)＿＿＿＿＿ de viaje. Es por eso que no me contestó.

3　次の文は、<u>未来時における完了</u>を表す直説法未来完了、及び<u>過去から見た未来時における完了</u>を表す直説法過去未来完了です。(　)内の不定詞を直説法未来完了か過去未来完了にしなさい。

1) La reparación de la chimenea todavía no (terminar)＿＿＿＿＿ en Navidad. — Pues, ¿por dónde entrará en casa Papá Noel?

2) Había mucho ruido, pero mi padre dijo que a las siete u ocho los invitados ya (irse)＿＿＿＿＿ y la casa estaría tranquila.

3) ¿A qué hora vas a llegar mañana? — No lo sé, pero a las nueve ya (llegar, yo) ＿＿＿＿＿.

4) Mi novia me preguntó si (conseguir, yo)＿＿＿＿＿ el carnet de conducir el próximo verano y si podríamos salir en coche.

応用問題

1 例にならって、枠内の不定詞を使って直説法の未来完了か過去未来完了で答えなさい。選択肢の使用は一度のみとする。

| ~~ganar~~ comer acostarse tocar preparar recibir discutir |

例) Hoy Julio parece contento. — ¿Ah, sí? Pues <u>habrá ganado</u> el partido de fútbol.

1) Mi hijo se encuentra mal. — A lo mejor _____ demasiado.

2) ¿Por qué Ana estaba de mal humor? — No tengo idea. Creo que _____ con su novio.

3) Javier no vino el sábado a clase. — Imagino que _____ tarde la noche anterior.

4) El señor Sánchez está de buen humor. — Me pregunto si le _____ por fin la lotería.

5) Tú me prometiste que _____ la maleta antes de que viniera el taxi. ¿A que sí?

6) ¿Por qué no estuvo Ana en la fiesta de Carlos? — No lo sé, pero supongo que no _____ la invitación.

2 順不同に並べてある（　　）内の不定詞を直説法の現在完了か点過去にして下線に入れなさい。

1) Yo _____ varias veces en ese país y nunca _____ problemas hasta ahora. La semana pasada, sin embargo, a mi amigo le _____ la maleta. (**tener robar / estar**)

2) Nosotros _____ en muchos países hasta ahora. En Alemania _____ 5 años, de 2004 a 2009. (**vivir / vivir**)

3) ¿_____ (tú) por varios lugares hasta ahora? — Pues no. _____ solamente una vez de España, hace dos años, cuando _____ Japón. (**salir / visitar / viajar**)

4) ¿Ya _____, Emilio? — Sí, _____ el año pasado. (**casarse / casarse**)

3 日本語に合うように、（　　）内の2種類の動詞句の不定詞をそれぞれ適切な時制にしなさい。

1) 私が帰宅したとき、子供達はもう寝ていた。(= estar acostado / acostarse)

Cuando llegué a casa, los niños ya _____ / _____.

2) 私がホームに着いたとき、列車はもう動きだしていた。(= empezar a moverse / estar en marcha)

Cuando llegué al andén, el tren ya _____ / _____.

3) 目が覚めたとき、お日様が出ていた。(= hacer sol / salir el sol)

Cuando me desperté, ya _____ / _____.

4) 我々がグラナダに着いたときは、もう夜だった。(= ser de noche / anochecer)

Cuando llegamos a Granada, ya _____ / _____.

Lección 12　直説法と接続法の選択（1）： 名詞節・名詞修飾節・単文

1 名詞節　2 名詞修飾節＜名詞 + de que＞　3 単文

1 名詞節

名詞節における法（直説法・接続法）は、文脈における主動詞の意味（時には主節全体の意味）によって決定される。

1-1 動詞の目的語になる名詞節（直接目的語節：**Creo que〜 / Quiero que 〜** など）

1）通常直説法が使用される場合

「事実・確信」「伝達」「感覚」の意味をもつ主節の動詞（表現）

（「事実・確信」：creer, pensar, parecer, estar seguro de、「伝達」：decir, contar, escribir, advertir、「感覚」：ver, oír, notar, sentir など）

Creí que su abuelo **tenía** 80 años.　Estoy seguro de que **ha tenido** éxito.

Yo digo que **hablan** mal de ti.　Notaba que **estabas** escondido aquí.

2）通常接続法が使用される場合

a. 「事実・確信」「伝達」「感覚」の意味をもつ主節の動詞（表現）の否定・「疑惑」の動詞（dudar）

No creí que su abuelo **tuviera** 80 años.　No estoy seguro de que **haya tenido** éxito.

Dudo que **podamos** tener un buen resultado.（≒ No creo que **podamos**...）

b. 「願望・命令など」の意味をもつ主節の動詞（表現）

「願望」「命令・要求」「許可・禁止」「忠告・提案」の意味をもつ動詞：

（querer, desear, esperar, necesitar, preferir, mandar, ordenar, decir, insistir, pedir, hacer, permitir, prohibir, dejar, aconsejar, recomendar など）

Quiero que **venga** María.　Le mandé que **estuviera** aquí.

Te prohíbo que **bailes** aquí.　Me permitieron que **saliera** a la calle.

c. 「感情」の意味をもつ主節の動詞（表現）

（alegrarse de, sorprenderse de, extrañarse de, lamentar, temer, sentir, agradecer, estar harto de, estar (ponerse) contento de など）

Juan lamentó que **fuera** tan duro el trabajo.　Me alegro de que **estés** muy bien.

Él se sorprendió de que **hubieran llegado** a tiempo.

▶que 以下が主語となる構造のものもある。

Me alegra que tu familia **estés** muy bien.

Le sorprendió que **hubieran llegado** a tiempo.

1-2 動詞の主語になる名詞節 （主語節：**Es cierto / Está bien que** など主動詞は 3 人称単数)

1) 通常直説法が使用される場合

「事実・確信」の意味をもつ主節の動詞（表現）（「本当だ」「確かだ」「明らかだ」「実は」など）

Es verdad que **ha aprobado** el examen.　　Es cierto que **te ayudan** tus amigos.

Está claro que la energía nuclear **es** peligrosa.　　Es que **tengo** hambre.

2) 通常接続法が使用される場合

a.「事実・確信」以外の意味をもつ主節の動詞（表現）（価値判断・可能性・感情など）

ser bueno / mejor / importante / posible / lógico / natural / lamentable / increíble que, convenir que, estar bien que, parecer bien que, parecer mentira que, agradar, gustar, encantar, interesar, fastidiar など

Es bueno que se lo **digas**.　　Es importante que lo **averigüemos**.

Es natural que **se enfaden** contigo.　　Es posible que **nieve** un día de estos.

Me agrada que mis hijos **pasen** una temporada con sus abuelos.

b.「事実・確信」表現の否定

No es verdad que **haya aprobado** el examen.　　No es cierto que **te ayuden**.

No es que **tenga** hambre; es que me encuentro mal.

▶"Es que" の否定 "No es que" は二重否定構文でよく利用される。

No es que no lo **sepa**; es que no **puedo** recordarlo.

1-3 同じ動詞で直説法と接続法を導くもの

1)「伝達」の decir と「命令」の decir

Juan me dice que **sale** pronto. ——— Juan me dice que **salga** pronto.

2)「感覚」の sentir と「感情」の sentir

Siento que **tienes** razón. ——— Siento que **estés** resfriada.

1-4 ＜命令・禁止・許可などの動詞 + 名詞節 / 不定詞＞

(hacer, mandar, prohibir, dejar, aconsejar, permitir など)

Me mandaron que **fuera** a Brasil.　　/　　Me mandaron **ir** a Brasil.

Te prohíbo que **salgas** de noche.　　/　　Te prohíbo **salir** de noche.

Haz[le] que **prepare** la comida.　　/　　Hazle **preparar** la comida.

69

1-5 ＜主動詞 + 従属節 / 不定詞＞

Quiero **venir**.　　　　　　　 ——— Quiero que **vengas**.

Me alegro de **haber venido**.　 ——— Me alegro de que **hayas venido**.

1-6 多重従属の名詞節

従属動詞の法（直説法/接続法）を決定するのは、原則としてすぐ上（左）の主動詞である。

Quiero que **sepan** que **estoy** enfermo.

（主動詞）—（従属動詞）

　　　　（主動詞）—（従属動詞）

2 名詞修飾節 ＜名詞 + de que＞

2-1 通常直説法が使用される場合

「事実・確信」の意味をもつ名詞

(tener la seguridad de que, no hay duda de que, no cabe [la menor] duda de que など)

Tengo la seguridad de que él no me **conoce**. (≒ Estoy seguro de que él no me **conoce**.)

No hay duda de que tú **estás** equivocado. (≒ Es evidente que tú **estás** equivocado.)

2-2 通常接続法が使用される場合

「事実・確信」以外の意味をもつ名詞

次のような名詞を使った「願望」「感情」「価値判断」「疑惑」「時」「条件」の表現：
deseo, esperanza, miedo, alegría, necesidad, posibilidad, duda, hora, condición など

Tenía miedo de que **anularan** el primer gol.

En este país hay posibilidad de que **ocurra** un golpe de estado.

Son las diez. Ya es hora de que **te vayas** a la cama.

▶直説法と接続法の選択（名詞節・名詞修飾節）のまとめ（→ Apéndice 4）

3 単文

3-1 疑いを表す単文

1) ＜疑いの副詞 (quizá, tal vez, posiblemente, probablemente)＋動詞 (主に接続法)＞

Quizá **venga** (vendrá, viene) esta tarde.

Tal vez lo **haya escrito** (habrá escrito, ha escrito) ese niño.

Probablemente Jorge y Manuel no lo **supieran** (sabrían, sabían) entonces.

2) 「疑いの副詞」が動詞より後ろにあるときには常に直説法。

Lloverá (Llueve), tal vez, la semana que viene. (× Llueva)

Mi tío **tendrá (tiene)** cincuenta años quizá. (× tenga)

3) 「疑いの副詞」a lo mejor, igual は常に直説法。

A lo mejor Eduardo no **quiere** (× quiera) casarse con Ana.

Ha llovido mucho hoy, pero igual (× salga) **sale** el sol mañana.

3-2 願望を表す単文 ＜Ojalá [que] / Que + 接続法＞

¡Ojalá **sea** verdad lo que dice mi padre!　　¡Ojalá no **llueva** mañana!

¡Que **tenga** usted buen viaje!　　¡Que [te] lo **pases** bien!

3-3 間接命令 ＜Que + 接続法＞

Viene el señor Fernández. — Que **pase** a mi despacho.

Mini-diálogo

— Me gustaría que vinieras mañana a las seis.

¡Ah! Y, por cierto, dile a tu hermana que venga a las cinco y media.

— ¿Media hora antes que yo? ¿Por qué?

— Bueno, pues... solo quería... que... que nos ayudara a preparar

la fiesta y...

— ¿De veras?

EJERCICIOS 12　　基本問題

1 次の文は、名詞節の直接目的語節です。(　　)内の不定詞を接続法の適切な時制に活用させなさい（"haber + 過去分詞" は複合形にしなさい）。

1) No creo que nuestro equipo (haber ganado)＿＿＿＿＿ el campeonato hasta ahora.

2) Ricardo ha probado el sushi esta tarde. Espero que le (haber gustado)＿＿＿＿＿.

3) Me alegro de que nadie (estar)＿＿＿＿＿ enfermo ni resfriado.

4) Dile a tu hermano que (venir)＿＿＿＿＿ lo más pronto posible.

5) Me prohibieron que (tomar)＿＿＿＿＿ demasiado azúcar para evitar la posibilidad de desarrollar diabetes.

6) Me sorprendió que tus amigos nunca (haber oído)＿＿＿＿＿ hablar de la Biblia.

7) De momento dudamos que (solucionarse)＿＿＿＿＿ pronto el conflicto entre los dos países.

8) La abuelita le dijo a Caperucita Roja:　Acércate más y déjame que te (ver, yo) ＿＿＿＿＿, hija.

2 次の文は、名詞節の主語節、及び名詞修飾節です。(　　)内の不定詞を接続法の適切な時制に活用させなさい（"haber + 過去分詞" は複合形にしなさい）。

1) Es importante que (esperar, tú)＿＿＿＿＿ aquí hasta que venga el jefe.

2) Era natural que no nos (dejar, ellos)＿＿＿＿＿ entrar en el teatro porque llegamos muy tarde.

3) ¡Pepe, estás dormitando en la clase! — No es cierto que (estar, yo)＿＿＿＿＿ dormitando. Es que estoy pensando en algo.

4) Es bueno que ellos (haberse hecho, ellos)＿＿＿＿＿ buenos amigos.

5) No es que no (tener, yo)＿＿＿＿＿ ganas de ir contigo, es que estoy ocupado.

6) Tengo miedo de que un día (ocurrir)＿＿＿＿＿ algo malo.

7) Hay posibilidad de que (ser, tú)＿＿＿＿＿ la hija de Eduardo, puesto que os parecéis tanto.

8) En una situación tan crítica como esta sentimos la necesidad de que (actuar) ＿＿＿＿＿ los políticos.

3 次の文は、疑いや願望を表す単文です。(　　)内の不定詞を接続法の適切な時制に活用させなさい（"haber + 過去分詞" は複合形にしなさい）。

1) Quizá esta caja (poderse)＿＿＿＿＿ abrir con esta llave. — Pues, pruébala.

2) ¡Ojalá (haber)＿＿＿＿＿ vino en la fiesta de mañana!

3) Probablemente a Felipe no le (gustar)＿＿＿＿＿ las verduras cuando era pequeño.

4) Que Dios (bendecir)＿＿＿＿＿ cada rincón de esta casa.

5) Tal vez esos niños (haber roto)＿＿＿＿＿ el plato.

6) Cuando llamé a Isabel, quizá (irse)＿＿＿＿＿ de viaje ya.

応用問題

1 枠内の不定詞を直説法か接続法の適切な時制にして対話を完成させなさい。不定詞の使用は一度のみとします。

acostarse estar preparar salir saber aprobar

1) Tengo hambre. — ¿Quieres que te _____ algo?

2) El médico me dice que no tengo ningún problema. — Me alegro de que _____ (tú) bien.

3) ¿Crees que a mi hijo le va a salir bien el examen? — Sí, estoy seguro de que lo _____.

4) ¿Crees que ella sabe algo de Informática? — No, no creo que _____.

5) ¿Por qué estaba en casa Elisa? — Es que su padre le prohibió que _____ de casa.

6) Mañana voy a tomar parte en un concurso. — Es mejor que _____ temprano esta noche.

2 枠内の不定詞を直説法か接続法の適切な時制にして対話を完成させなさい。不定詞の使用は一度のみとします。

ocurrir llover ir estar calentar jugar

1) Tengo fiebre. — Entonces es mejor que _____ al médico.

2) ¿Has visto el pronóstico del tiempo? — No. Pero, es seguro que _____ mañana.

3) ¿Por qué estabas triste ese día? — Tenía miedo de que me _____ algo malo.

4) He comprado una estufa. — Dudo que, siendo tan pequeña, _____ toda la casa.

5) ¿No sabes dónde está el Sr. Rodríguez? — Quizá _____ en su oficina.

6) Daniel es muy buen delantero. — ¡Ojalá _____ en nuestro equipo!

3 ( ) 内の不定詞を直説法か接続法の適切な時制に活用させなさい（"haber + 過去分詞"は複合形にしなさい）。

1) Me permitió que (viajar)_____ sola.

2) Sabemos que te (gustar)_____ la comida española porque siempre tomas aceite de oliva.

3) Es importante que lo (hacer, tú)_____ por tu cuenta.

4) Es verdad que todos mis amigos (querer)_____ hablar contigo.

5) ¿Le has convencido? — Pues, no estoy seguro de que me (haber entendido, él)_____.

6) Me parece bien que (dejar, tú)_____ de fumar.

7) Dile a María que la (esperar, yo)_____ a las cinco delante de la universidad.

8) Dile a María que me (esperar, ella)_____ a las cinco delante de la universidad.

9) Estoy seguro de que mi novia (querer)_____ que le (dar, yo)_____ un ramo de flores el día de los novios.

10) Mañana voy de viaje. — ¡Que (pasárselo) bien!

11) Fue sorprendente que un portero (haber metido)_____ un gol.

12) Cuando me preguntaste, no es que no lo (saber, yo)_____, sino que no (querer, yo)_____ recordarlo.

73

Lección 13 直説法と接続法の選択（2）：関係節・si 条件文・副詞節

2-30

1 関係節　2 si を使った条件文　3 副詞節

1 関係節

1-1 関係代名詞

1)＜「特定」先行詞 + que + 直説法＞＜「非特定」先行詞 + que + 接続法＞

「特定」先行詞：存在・既知 / 「非特定」先行詞：非存在・未知・漠然としたもの

Conozco un lugar que **es** tranquilo.（特定先行詞）

Busco un lugar que **sea** tranquilo.（非特定先行詞）

▶先行詞の定冠詞 / 不定冠詞と「特定」/「非特定」は基本的には無関係である。

┌Juan va a comprar un móvil que le **gusta**.
└Juan va a comprar un móvil que le **guste**.

┌Estoy buscando a una secretaria que **habla** inglés y español.
└Estoy buscando una secretaria que **hable** inglés y español.

┌La casa que **va** a comprar es grande.
└La casa que **compre** será grande.

▶事柄の内容（lo）に関する「特定」「非特定」

Haré lo que me **manda** usted.（lo＝特定）　　Haré lo que me **mande** usted.（lo＝非特定）

¿Qué quieres que te cuente? — Lo que **quieras**.（lo＝非特定）

2) 先行詞に否定語（nada, ninguno など）がある場合（+ 接続法）

No hay ninguna madre que lo **haga**.（⇔ Hay muchas madres que lo **hacen**.)

No había nadie que lo **supiera**.（⇔ Había alguien que lo **sabía**.)

▶alguien, nadie, alguno, ninguno が直接目的語のときは非特定であっても a が付く。

¿Conoces **a** alguien que lo **sepa**?

No conozco **a** nadie / **a** ningún médico que me **ayude**.

74

1-2 関係副詞（関係詞の指す内容が特定→直説法、非特定→接続法）

「場所」donde

Vamos a reunirnos donde **quiere** Ana.　　Vamos a reunirnos donde **quiera** Ana.

¿Dónde puedo sentarme?　— Donde **quieras**.

▶先行詞がある場合：

Nos alojaremos en un hotel donde solo **hay** 5 habitaciones.（特定先行詞）

Puedo divertirme en cualquier lugar donde **me encuentre**.（非特定先行詞）

2　**si** を使った条件文

2-31

2-1 現実的条件文＝現在・未来の実現可能性のある条件

Si＋直説法現在 ＋ 直説法現在／直説法未来／命令

Si no **tienes** nada que hacer, **vamos / iremos / ven** ahora mismo.

2-2 非現実的条件文

1) 反事実（現在や過去の事実に反する条件）

〈現在〉 Si＋接続法過去（-ra 形／-se 形） ＋ 直説法過去未来

Si **tuviera / tuviese** alas, **iría** volando a verte.

Ahora está lloviendo. Si **hiciera / hiciese** buen tiempo, **saldría** de paseo.

〈過去〉 Si＋接続法過去完了(-ra 形／-se 形) ＋ 直説法過去未来完了／接続法過去完了-ra 形

Si yo **hubiera / hubiese tenido** dinero entonces, lo **habría / hubiera comprado**.

2) 実現困難（現在や未来の実現が難しい条件）

Si＋接続法過去（-ra形／-se形） ＋ 直説法過去未来

Si me **dijeras** tu secreto, te **contaría** el mío.

Les **agradecería** si me **enviaran / enviasen** un catálogo.（丁寧な表現）

▶条件節（複合形 haber＋p.p.）＋帰結節（単純形）の組み合わせ

Si **hubiera estudiado** más cuando era joven, ahora **entendería** este libro.

2-3 慣用表現による条件設定

Yo que tú, **iría** con él. (yo que tú / él / ella = si yo **fuera** tú / él / ella)

Yo, **en tu lugar**, no lo **haría**. (Si yo **estuviera** en tu lugar, ~)

Sin ti, no **podría** vivir. (Sin ti = Si no **estuvieras** tú)

De tener tiempo, **podría** leer más libros. (= Si **tuviera** tiempo, ~)

75

3 副詞節

3-1 直説法と接続法を許す副詞節

1) 「時」cuando など

事実（経験事項）を表す（+ 直説法）　　仮定的な事柄（未来）を表す（+ 接続法）

Cuando **voy** de viaje, llevo un libro.　≠　Cuando **vaya** de viaje, llevaré un libro.

Le di un regalo cuando **vino**.

その他の「時」の副詞節（desde que, siempre que, tan pronto como, apenas など）

Ella lee hasta que **se duerme**.　　≠　Ella va a leer hasta que **se duerma**.

Me lo dice en cuanto **se entera**.　≠　Dígamelo en cuanto **se entere**.

▶antes de que は常に接続法

Cuando yo era pequeño, me despertaba antes de que **sonara** el despertador.

▶después de que は、過去の事実であっても接続法が使われることが多い。

Me mudé a otra ciudad después de que **terminara** (terminó) la guerra.

2) 「譲歩」aunque など

現実的譲歩（+ 直説法）「～だけれども」　　仮定的譲歩（+ 接続法）「たとえ～でも」

Aunque **estudia**, no aprueba.　　≠　Aunque **estudie**, no aprobará.

Cómprate esas gafas aunque **son** caras.　≠　Cómprate esas gafas aunque **sean** caras.

3) 「様態」como, de [tal] modo que, de [tal] manera que「～ように」

Lo haré como **pide** usted.（事実）　　Lo haré como **pida** usted.（仮定的）

El profesor nos habló de [tal] modo que lo **entendiéramos** bien.

Arturo salió de [tal] manera que nadie **se diera** cuenta.

▶＜de [tal] manera / modo que + 直説法＞では「結果」（「それで」「だから」）を表す。

Arturo salió tranquilo de [tal] manera / modo que nadie **se dio** cuenta.

3-2 接続法のみを許す副詞節

1) 「目的」para que, a que, a fin de que, con [el] objeto de que など

Me quedo para que **se duerma** el niño.　Fui al médico a que me **mirara** la garganta.

2) 「条件」a condición de que, con tal [de] que, como, a menos que, en caso de que など

Puedes venir con tal [de] que me **ayudes**.　　Como **mientas** otra vez, ya no te hablo.

▶si条件節では、現実的条件の場合には直説法が使われる（→ 2. 参照）

3) 「否定」sin que

Lo hice sin que me **vieran** mis amigos.

4) 「比喩」como si + 接続法過去／接続法過去完了

Ella baila como si **fuera** una mariposa.

Los jugadores están alegres como si **hubieran ganado** el partido.

3-3 直説法のみを許す副詞節

「原因・理由」como, porque, puesto que, ya que

Me voy porque **tengo** mucho que hacer.　　Como **está** enferma, no puede venir.

▶＜no...porque + 接続法＞（文法補足 I 参照）

▶直説法と接続法の選択（副詞節）のまとめ（→ Apéndice 5）

Mini-diálogo

Un chiste

(Se encuentran dos amigos y uno le dice al otro.)

— ¿Puedo confiarte un secreto?

— Por supuesto, somos amigos.

— Necesito 6000 euros.

— Tranquilo, como si no me hubieras dicho nada.

EJERCICIOS 13 　基本問題

1 次の関係節内の不定詞を接続法の適切な時制に活用形させなさい。

1) No hay nadie que (ir)＿＿＿＿ a la piscina conmigo porque hace mucho frío.

2) Por aquí no hay ningún bar donde (servir)＿＿＿＿ buenas tapas.

3) Es que estoy buscando una falda que (quedar)＿＿＿＿ bien con esta blusa.

4) Entonces necesitábamos un camarero que (poder)＿＿＿＿ trabajar a medianoche.

5) ¿Conoces a alguien que (saber)＿＿＿＿ mucho de la política internacional?

6) Puedes quedarte con un móvil que te (gustar)＿＿＿＿, aunque no sé si hay alguno.

2 次の文は非現実的条件文です。（　　）内の不定詞を接続法の適切な時制、もしくは直説法の過去未来か過去未来完了に活用させなさい。

1) Felipe siempre me engaña. — Si yo (ser)＿＿＿＿ tú, no (salir)＿＿＿＿ con él.

2) Si (perderse, tú)＿＿＿＿ en el mar y (ir, tú)＿＿＿＿ a parar a una isla inhabitada,
   qué (hacer, tú)＿＿＿＿.

3) Está lloviendo ahora. Si (hacer)＿＿＿＿ buen tiempo, (ir, yo)＿＿＿＿ a la playa.

4) Ayer llovió todo el día. Si (hacer)＿＿＿＿ buen tiempo, (ir, yo)＿＿＿＿ a la playa.

5) Menos mal que tú estuviste con nosotros ayer. Si no (venir, tú)＿＿＿＿, nosotros
   no (saber)＿＿＿＿ qué hacer.

6) Mi novio me ha pedido en matrimonio. — Yo que tú, lo (aceptar)＿＿＿＿ pronto.

3 次の副詞節内の不定詞を接続法の適切な時制に活用形させなさい。

1) Voy a apagar la luz para que los niños (acostarse)＿＿＿＿ pronto.

2) Apagué la luz para que los niños (acostarse)＿＿＿＿ pronto.

3) Aunque no lo (parecer, él)＿＿＿＿, ese chico es tan amable que siempre se preocupa
   de sus amigos.

4) Cuando (ser, yo)＿＿＿＿ mayor, voy a ser astronauta.

5) Yo siempre me levanto antes de que me (despertar)＿＿＿＿ la alarma del móvil.

6) Vamos a esperar un poquito más, por lo menos hasta que (llegar)＿＿＿＿ el próximo
   tren.

7) Con tal de que lo (hacer, tú)＿＿＿＿ bien, me da igual la manera.

8) ¡Qué dices, Juanito! Como lo (decir, tú)＿＿＿＿ otra vez, te echaré a la calle, ¿vale?

9) Hoy hace mucho calor, como si (estar, nosotros)＿＿＿＿ en verano.

10) Sal de aquí a medianoche sin que nadie te (ver)＿＿＿＿.

11) En cuanto (encontrar, tú)＿＿＿＿ un trabajo, avísame.

12) Ayer salimos del hotel después de que (salir)＿＿＿＿ el sol.

応用問題

1 条件の種類（現実的条件か非現実的条件）に注意して、不定詞を適切な時制と法にして下線に書き入れなさい。

1) Mario no es alto. Si lo (ser)＿＿＿＿, (poder)＿＿＿＿ jugar en cualquier equipo.

2) ¿Por qué no me comentaste nada? Te (ayudar)＿＿＿＿ si me lo (decir)＿＿＿＿ antes.

3) ¿Mañana viene tu primo? — No sé, pero si (venir)＿＿＿＿, ¿nos (acompañar, tú)＿＿＿＿ al cine?

4) Si Cecilia (ganar)＿＿＿＿ el premio entonces, ahora (ser) famosa ＿＿＿＿.

2 不定詞を適切な時制と法にして下線に書き入れなさい。

1) Este plato está rico, pero con más salsa (estar)＿＿＿＿ mucho mejor.

2) Yo, en tu lugar, (trabajar)＿＿＿＿ mucho esta noche porque mañana hay examen.

3) Gracias por ayudarme. Sin tu ayuda, ahora no (tener)＿＿＿＿ tanto éxito.

4) Yo que tú, (ir)＿＿＿＿ al médico. Tienes mala cara.

3 枠内の不定詞を直説法か接続法の適切な時制・人称にして下線に書き入れなさい。

olvidar despertarse florecer ser hacer estar tener

1) Me gusta salir cuando ＿＿＿＿ buen tiempo.

2) Pienso salir cuando ＿＿＿＿ los árboles.

3) Voy a apuntarlo en un papel para que no lo ＿＿＿＿ (tú).

4) Es maravilloso el baile de Elena porque baila como si ＿＿＿＿ alas.

5) Siempre te levantabas antes de que ＿＿＿＿ tu madre, ¿verdad?

6) ¿Vienes conmigo? — Lo siento, pero como ＿＿＿＿ bastante ocupado, no puedo ir contigo.

7) No conozco a nadie que ＿＿＿＿ tan bueno como Daniel.

4 不定詞を適切な時制と法にして下線に書き入れなさい。

1) En cuanto (enterarse, tú)＿＿＿＿ de algo, comunícamelo.

2) Quiero hacer un curso de inglés por Internet. Si hay alguno que no (ser)＿＿＿＿ muy caro, mejor. — Sé que hay algunos muy buenos que, además, (ser)＿＿＿＿ gratis.

3) Salí de casa sin que nadie (darse)＿＿＿＿ cuenta.

4) ¿Nos vemos mañana? — Claro. Podemos quedar donde te (apetecer)＿＿＿＿.

Lección 14　時制の一致と話法転換

> ① 直説法における時制の一致　② 接続法における時制の一致
> ③ 時制の一致が起こらない場合　④ 話法転換

1　直説法における時制の一致

1-1 基本

Creo que **se va**.	⇒	Creí que **se iba**.
Creo que **se ha ido**.	⇒	Creí que **se había ido**.
Creo que **se fue**.	⇒	Creí que **se había ido / se fue**.
Creo que **se irá**.	⇒	Creí que **se iría**.
Creo que **se habrá ido**.	⇒	Creí que **se habría ido**.

1-2 推量・予定表現

David cree que su amigo Juan **tendrá** 25 años.（推量）

└──▶ David creía que su amigo Juan **tendría** 25 años.

Eduardo dice que su hermana **va** a venir mañana.（予定）

└──▶ Eduardo dijo que su hermana **iba** a venir al día siguiente.（× iría a venir）

1-3 複文

Julia piensa que ese niño no **quiere** ir porque **tiene** miedo.

└──▶ Julia pensó que ese niño no **quería** ir porque **tenía** miedo.

2　接続法における時制の一致

2-1 基本

No creo que lo **haga**.	⇒	No creí que lo **hiciera**.
No creo que lo **haya hecho**.	⇒	No creí que lo **hubiera hecho**.
No creo que lo **hiciera**.	⇒	No creí que lo **hubiera hecho**.

2-2 婉曲表現（未来のことであっても従属動詞は接続法過去）

Desearía que **vinieran** (?vengan) cuanto antes.（←Deseo que vengan...）

Me gustaría que me **contaras** (?cuentes) un poco de tu vida.

Sería bueno que lo **hicieras** (?hagas) la semana que viene.

▶ 《diría que...》における従属動詞は時制の一致の影響を受けない。

Yo diría que **es** difícil convencerla.（←Yo digo que **es** difícil convencerla.）

（Lección 10, 5-2, 3) を参照）

2-3 複文

El niño dice que **va** a casa de María para que le **enseñe** matemáticas.

└─➤ El niño dijo que **iba** a casa de María para que le **enseñara** matemáticas.

Mi padre piensa que **mejorará** de su alergia cuando **llegue** junio.

└─➤ Mi padre pensó que **mejoraría** de su alergia cuando **llegara** junio.

3 時制の一致が起こらない場合

3-1 一般的真理

El profesor nos explicó: ─ La Tierra **gira** alrededor del Sol.

└─➤ El profesor nos explicó que la Tierra **gira** alrededor del Sol.

3-2 比喩（como si〜）や非現実的条件（いずれも人称の変化は受ける）

Todos decían: ─ Tú bailas como si **fueras** una mariposa.

└─➤ Todos decían que ella bailaba como si **fuera** una mariposa.

Anabel y Felipe dijeron: ─ Si **tuviéramos** dinero, **nos casaríamos** pronto.

└─➤ Anabel y Felipe dijeron que si **tuvieran** dinero, **se casarían** pronto.

Los alumnos dijeron: ─ **Habríamos podido** esquiar si **hubiera** nevado más.

└─➤ Los alumnos dijeron que **habrían podido** esquiar si **hubiera** nevado más.

▶ ただし、現実的条件文は人称も時制も一致の影響を受ける。

Dijeron: ─ Si **hace** buen tiempo, **podremos** ir a la playa.

└─➤ Dijeron que si **hacía** buen tiempo, **podrían** ir a la playa.

4 話法転換

4-1 人称・指示詞・時の副詞の相関

1) 人称代名詞（主格、目的格、前置詞格）や所有詞の転換

Belén dice: ― **Estoy** cansada.　　⇒　Belén dice que **está** cansada.

Ana me dice: ― **Te doy mi** pañuelo. ⇒　Ana me dice que **me da su** pañuelo.

Paco me dice: ― Lo **hago** por **ti**.　⇒　Paco me dice que lo **hace** por **mí**.

2) 指示詞の転換（este→aquel, aquí→allí）

Eva dijo: ― **Este libro** es difícil.　⇒　Eva dijo que **aquel libro** era difícil.

　▶este libro が発話者の手元にあれば este のまま：Eva dijo que **este libro** era difícil.

　Juan dijo: ― **Aquí** hay muchas casas.　⇒　Juan dijo que **allí** había muchas casas.

　▶発話者が発話時に当該の場所にいれば aquí のまま：Juan dijo que **aquí** había muchas casas.

3) 時の副詞の転換（ahora→entonces, ayer→el día anterior, mañana→al día siguiente）

Pepe dijo: ― **Hoy** no tengo tiempo.　⇒　Pepe dijo que **aquel día** no tenía tiempo.

4) 動詞の転換（ir→venir, llevar→traer）

El cartero me dijo: ― **Voy** a las 6.　⇒　El cartero me dijo que **venía** a las 6.

　▶発話者が発話時に到着地にいないなら iba：El cartero me dijo que **iba** a las 6.

4-2 話法転換における伝達される部分の種類

1) 平叙文

Me dijeron: — Antes **hemos estado** en Toledo.

└──▶ Me dijeron que antes **habían estado** en Toledo.

El niño dijo: — **Voy** a ser astronauta cuando **sea** mayor.

└──▶ El niño dijo que **iba** a ser astronauta cuando **fuera** mayor.

2) 全体疑問文・部分疑問文

Mi madre nos preguntó: — ¿**Tenéis** hambre?（全体疑問文）

└──▶ Mi madre nos preguntó si **teníamos** hambre.

El jefe me preguntó: — ¿Cuántos años **tienes**?（部分疑問文）

└──▶ El jefe me preguntó cuántos años **tenía**.

3) 感嘆文

Eduardo dijo: — ¡Qué bien **canta** Isabel!

└──▶ Eduardo dijo qué bien **cantaba** Isabel.

4) 命令文

La profesora me dice: — **Sal** de la clase.

└──▶ La profesora me dice que **salga** de la clase.

El jefe le dijo: — **Levántate** pronto.

└──▶ El jefe le dijo que **se levantara** pronto.

Mini-diálogo

Un chiste

(En el restaurante)

— ¡Camarero! ¡Este plátano está blando!

— ¡Pues, dígale que se calle!

1 直接話法を間接話法に書き換えなさい。主動詞が<u>現在時制</u>なので、変更箇所は主に動詞（太字）の<u>人称だけ</u>です。

1) Mi madre dice: — **Tengo** hambre. → _____.

2) Mi madre dice: — Mañana **voy** al cine. → _____.

3) Mi madre dice: — **Voy a venir** pronto. → _____.

4) Mi madre dice: — **He comido** ya. → _____.

5) Mi madre dice: — Ayer **comí** en un restaurante. → _____.

6) Mi madre me pregunta: — ¿**Tienes** tiempo? → _____.

7) Mi madre me pregunta: — ¿Cuántos años **tienes**? → _____.

8) Mi madre me ordena: — **Pon** la tele. → _____.

2 直接話法を間接話法に書き換えなさい。主動詞が<u>過去時制</u>なので、変更箇所は主に動詞（太字）の<u>人称</u>と<u>時制</u>、及び<u>時を表す副詞</u>（太字）です。

1) Mi madre dijo: — **Tengo** hambre. → _____.

2) Mi madre dijo: — **Mañana voy** al cine. → _____.

3) Mi madre dijo: — **Voy a venir** pronto. → _____.

4) Mi madre dijo: — **He comido** ya. → _____.

5) Mi madre dijo: — **Ayer comí** en un restaurante. → _____.

6) Mi madre me preguntó: — ¿**Tienes** tiempo? → _____.

7) Mi madre me preguntó: — ¿Cuántos años **tienes**? → _____.

8) Mi madre me ordenó: — **Pon** la tele. → _____.

3 直接話法を間接話法に書き換えなさい。

1) Mi madre dice: — Ellos **estarán** en el jardín. → _____.

2) Mi madre dice: — Ellos lo **habrán terminado**. → _____.

3) Mi madre dijo: — Ellos **estarán** en el jardín. → _____.

4) Mi madre dijo: — Ellos lo **habrán terminado**. → _____.

4 主動詞を点過去にし、適切な修正を加えて全文を書き換えなさい。

1) Me alegro de que su familia esté tan bien. _____.

2) Enrique dice que va a la playa. _____.

3) El anciano me cuenta que nunca ha visto el mar. _____.

4) Lamento que haya ocurrido ese accidente. _____.

5) Me dice que su hijo va a terminar la carrera. _____.

応用問題

1 **Belén** が会社の面接を受けたところ、次のような事柄を質問されたり話されたりしました。そして、後日この内容をお父さんに伝えました。下線に、番号を付した面接の内容を入れなさい。

(1) ¿Dónde vive usted?　(2) ¿Cuántos años tiene?　(3) ¿Sabe usar ordenador?
(4) ¿Habla inglés?　(5) ¿Ha viajado alguna vez al extranjero?　(6) ¿Por qué quiere trabajar?
(7) En nuestra oficina trabajan 100 personas.　(8) Podrá hacer muchos amigos.
(9) Cuéntenos algo de sus aficiones.

Papá, te voy a contar cómo fue la entrevista. Me hicieron varias preguntas. Primero me preguntaron (1)＿＿＿＿＿＿ y
(2)＿＿＿＿＿＿. Luego querían saber (3)＿＿＿＿＿＿ y
(4)＿＿＿＿＿＿. También me preguntaron (5)＿＿＿＿＿＿ y
(6)＿＿＿＿＿＿. Y después me contaron (7)＿＿＿＿＿＿
así que (8)＿＿＿＿＿＿. Y finalmente me pidieron
(9)＿＿＿＿＿＿. Estaba nerviosa, pero fue interesante.

2 太字の動詞を直説法過去未来形を使った婉曲表現にし、全文を書き換えなさい。

1) **Deseo** que me acompañes hasta el hospital mañana.

　→ ＿＿＿＿＿＿＿＿＿＿＿＿＿＿＿＿＿＿＿.

2) **Es** necesario que el año que viene todos los compañeros se reúnan otra vez.

　→ ＿＿＿＿＿＿＿＿＿＿＿＿＿＿＿＿＿＿＿.

3) Me **gusta** que vengas pronto porque así podemos hablar tranquilamente.

　→ ＿＿＿＿＿＿＿＿＿＿＿＿＿＿＿＿＿＿＿.

3 日本語文を参考にして、下線に適切なスペイン語を入れなさい。

1) Yuma dijo que el fútbol ＿＿＿＿＿＿＿＿＿＿.
ゆうま君は、サッカーは面白いと言った。

2) Shintaro dijo que antes ＿＿＿＿＿＿＿＿＿＿.
真太郎君は、以前空手をやって (practicar) いたことがあると言った。

3) Pensé que los invitados ＿＿＿＿＿＿＿＿＿＿ pronto porque era de noche.
もう暗いので、客はすぐに帰ると思った。

4) No creía que mi padre ya ＿＿＿＿＿＿＿＿＿＿.
父が帰っているなんて思ってもいなかった。

5) Mi padre solía decir que ＿＿＿＿＿＿＿＿＿＿ partidos de fútbol.
父はサッカーの試合を観るのが好きだとよく言っていた。

文法補足 I　　直説法と接続法の選択：補足

1. 名詞節

「確信」「伝達」「感覚」の主動詞（表現）の否定命令（＋ 直説法）

No creas que te **envidio**.

No pienses ni por un momento que te **van** a ayudar.

No te imagines que me **has ganado**.

No le digas que **estoy** resfriado.

2. 単文

非現実的願望文 ＜Ojalá [que] / Que + 接続法過去・接続法過去完了＞

¡Ojalá **fuera** millonario!（現在の反事実的願望）

¡Ojalá me **hubiera tocado** la lotería el año pasado!（過去の反事実的願望）

¡Que me lo **hubieran dicho** antes! Pero si no lo sabía.（過去の反事実的願望）

¡Ojalá **viniera** mi padre! Pero creo que estará ocupado.（未来の実現が難しい願望）

▶ 現実的（実現可能性が中立である）願望文は接続法現在・現在完了（Lección 12, 3-2 参照）

¿Crees que es difícil el examen de mañana? — ¡Ojalá no lo **sea**!

Esta mañana Rafael ha salido de casa un poco tarde. ¡Ojalá **haya llegado** a tiempo!

3. 副詞節

3.1.「譲歩」aunque など

1) 現在や過去の反事実、及び未来の実現が難しい事柄を表す（＋ 接続法「たとえ〜でも」）。

Aunque **fuera** millonario, no lo **haría**.（現在の事実に反する事柄）

Aunque **hubiera sabido** que era peligroso, **habría ido**.（過去の事実に反する事柄）

No creo que venga Paco. ¡Y aunque **viniera**, no **iría** con él!（未来の実現が難しい事柄）

└──➤ (≠No sé si viene Paco. Y aunque **venga**, no iré con él.)

2) aunque 以外の譲歩表現

a. a pesar de que + 直説法「〜にもかかわらず」/ 接続法「たとえ〜でも」

Ramón va solo al extranjero a pesar de que sus padres no se lo **permiten**.

Ramón irá solo al extranjero a pesar de que sus padres no se lo **permitan**.

b. por mucho/más que + 直説法「とても〜するが」/ 接続法「いくら〜しても」

Por mucho que (Por más que) se lo **pedimos**, nunca dice que sí.

Por mucho que (Por más que) **corras**, no podrás alcanzarle.

c. por muy 形容詞/副詞 que + 接続法「どんなに〜でも」（直説法はまれ）

Por muy inteligente que **seas**, tienes que esforzarte.

Por muy lejos que te **vayas**, nunca te olvidaré.

d. 重複型の譲歩表現〈＋ 接続法〉（pase lo que pase, sea quien sea など）

Pase lo que **pase**, tengo que aprobar el examen.

Vengas cuando **vengas**, serás bien recibido.

Llame quien **llame**, no le abras la puerta.

Digan lo que **digan**, no te preocupes.

Sea quien **sea** el autor, esta novela es interesantísima.

3.2. 否定された porque (no porque, no～porque)

Me levantaba muy temprano, no porque lo **quisiera**.

No trabajo porque me **guste**.(= Trabajo, no porque me **guste**.)

No trabajo porque ya tengo mucho dinero.

No te lo cuento porque **quiera** molestarte, sino porque **estoy** preocupado.

Hablo porque me gusta hablar, no porque tú me **escuches**.

4. 丁寧な依頼やその他の願望表現

Quisiera / Me gustaría que me lo **contasen** todo.

Si fuera usted tan amable de dejarme pasar...

Por favor, les **agradecería** que **hablaran** un poco más bajo.

Si hicieras menos ruido, te lo **agradecería**.

EJERCICIOS

1. 不定詞を適切な時制と法にして下線に書き入れなさい。

1) Oye, Pepe, ¿qué crees? ¿Subirá el valor de estos terrenos?

　　— Pues, no lo sé, pero ¡ojalá (conocer, yo) _____ el futuro!

2) Intenta convencerla. Pero, creo que por mucho que le (decir, tú) _____, no te hará caso.

3) Si te pasa algo, por muy insignificante que (ser) _____, dímelo.

4) Como pronto hay exámenes, muchos se quedan en casa, a pesar de que hoy (ser) _____ fiesta.

5) Lo hago, pero no porque tú lo (decir) _____.

6) Mi hermano ya se ha ido, pero aunque (estar) _____ aquí, no podría hacer nada para ayudarnos.

7) Estoy enfadado, no porque (haber hecho, tú) _____ cosas malas, sino porque no me (haber dicho, tú) _____ la verdad.

8) Mire, es que se me ha roto el coche. Si (ser) _____ usted tan amable de arreglarlo...

9) ¿Sabes si a Arturo le ha salido bien el examen?

　　— Ni idea. ¡Ojalá lo (haber aprobado) _____!

10) Estamos tristes porque se nos (haber marchado) _____ un buen jefe.

11) (ser) _____ quien (ser) _____ el autor del robo, la policía lo encontrará.

12) No creas que ya no te (querer, yo) _____.

13) (costar) _____ lo que (costar) _____, tenemos que comprarlo.

14) No voy al hospital porque (encontrarse, yo) _____ mal,

　　sino porque (querer, yo) _____ consultar algo con el médico.

1. 情報価値と語順

1.1. ＜低い情報価値（旧情報）＋高い情報価値（新情報）＞

Mañana viene　Juan.（←¿Quién viene mañana?）
旧情報　　　　　新情報

Juan viene　mañana.（←¿Cuándo viene Juan?）
旧情報　　　　新情報

1.2. como と porque の一般的な位置

como = 旧情報（前置）　　　porque = 新情報（後置）

Me parece bien tu opinión. Y como estamos de acuerdo, ¿por qué no empezamos ya?

¿No vas a la fiesta de Isabel? — No, no voy porque estoy resfriado.

¿Por qué estás tan cansado? — Porque (× Como) he trabajado demasiado.

1.3. 主題

主題：新情報が述べられる対象。普通は旧情報。話題・テーマ。「～は」

1) 主題の表現（文頭に配置）

Aprendo español en la universidad. → **En la universidad** aprendo español.

Me gustan los toros. → **Los toros** me gustan.

Doy este regalo a Carmen. → **A Carmen** le doy este regalo.

Yo pago la comida. → **La comida** la pago yo.

Doy este regalo a Carmen. → **Este regalo** se lo doy a Carmen.

2) 難易構文

a. ＜（主語 + ser +）形容詞 + de + 不定詞＞（主語は不定詞の意味上の直接目的語）

┌─ Es difícil explicar **ese problema**.（その問題を説明するのは難しい）
└→ **Ese problema** es difícil de explicar.（その問題は説明するのが難しい）

難易構文に使われる形容詞：difícil, fácil, sencillo, imposible, complicado, largo, digno など

El éxito no es fácil de obtener.　　**La perfección** es imposible de conseguir.

¿Por qué no fuiste a socorrerla? — **Eso** es largo de contar.

El amor es difícil de explicar, fácil de sentir, pero difícil de olvidar.

b. ＜名詞句＋形容詞＋de＋不定詞＞

Tenemos un problema **difícil de resolver**.

Es una historia **larga de contar**.

El bingo es un juego **fácil de aprender**.

Busco un móvil más **sencillo de utilizar**.

2. 強調表現

2.1. 関係詞を使った強調構文

1) ＜ser ～ 関係詞＞

Ana me enseñó una foto en su habitación.

Fue Ana **quien** me enseñó una foto en la habitación.（主語の強調）

Fue a mí **a quien** Ana enseñó una foto en la habitación.（間接目的語の強調）

Fue una foto **lo que** me enseñó Ana en la habitación.（直接目的語の強調）

Fue en su habitación **donde** Ana me enseñó una foto.（状況補語「場所」の強調）

Es mañana **cuando** voy a la oficina.（状況補語「時」の強調）

Fue así **como** terminó la guerra.（状況補語「様態」の強調）

▶強調する要素の語順がかわる場合もある。

Ana fue **quien** me enseñó una foto.　　**Así** fue **como** terminó la guerra.

▶ser の時制は関係節の動詞と同じか現在形。

Era / Es a mí a quien Ana **enseñaba** sus fotos en la habitación.

2) 主格補語の強調 ＜lo＋形容詞＋que＋動詞＞

基本の文：María es muy **guapa**.

強調の文：¡**Lo guapa que es** María!（＝感嘆表現）

▶名詞句なので、他動詞の目的語や前置詞の目的語としても用いられる。

Ya sabes <u>**lo buenos**</u> que son, ¿verdad?（← Ya sabes que **son muy** <u>buenos</u>, ¿verdad?）

María ha ganado el concurso por <u>**lo guapa**</u> que es.

　　(← María ha ganado el concurso porque **es muy** **guapa**.)

Tu amiga siempre me ayuda a pesar de <u>**lo ocupada**</u> que está.

　　(← Tu amiga siempre me ayuda a pesar de que **está muy** <u>ocupada</u>.)

Con <u>**lo bajitos**</u> que eran, ganaron el partido de baloncesto.（譲歩）

Con <u>**lo inteligente**</u> que es, ha aprobado las oposiciones a la primera.（原因・理由）

3) 副詞の強調 ＜［前置詞］＋lo＋副詞＋que＋動詞＞

¡**Lo mal que juega** al golf mi padre!（＝感嘆表現）

Con **lo bien que bailas**, podrás ganar un premio.

Ella nunca se había dado cuenta de **lo mucho que lo quería**.

2.2. その他の強調表現

1) ＜副詞（句）＋ que＞（文全体を強調する）

Claro que yo también voy.　　**Por supuesto que** le he dicho la verdad.

¿**Seguro que** vienes? — **Sí que** voy.　　Esa **sí que** es la verdadera libertad.

2) ＜［〜］ser + que＞（言い訳や説明）

Es que tengo un problema.

Lo que pasa es que ayer tenía fiebre y fui al médico.

El caso es que no quiere venir porque no le gustan las fiestas.

3) ＜que ...＞（言ったことの繰り返し）

¡Vamos, Mariano! — ¡**Que** no! ¡**Que** tengo mucho que hacer!

EJERCICIOS

1. _____ に関係詞、（　）に前置詞を書き入れ、下線部を強調する文にしなさい。

1) ¿Tú rompiste la ventana? — No, fue ese niño _____ la rompió.

2) ¿Tus padres llegaron a Granada anteayer? — No, fue ayer _____ llegaron.

3) ¿Vas a dar ese regalo a Ana? — No, es a Teresa (　　) _____ se lo voy a dar.

4) ¿Dónde encontraste mi anillo? — Fue en la sala de estar _____ lo encontré.

5) ¿Qué te regaló tu novio? — Fue una pulsera _____ me regaló.

2. 例にならって、主格補語の強調の文を完成させなさい。（　　）内には一語のみとする。

例） Todos queremos a José porque es muy bueno.
=Todos queremos a José por (lo) (bueno) que es.

1) Tú no sabes que esa profesora es muy severa.
= Tú no sabes (　　) (　　　　) que es esa profesora.

2) Les han dado un premio porque son muy inteligentes.
= Les han dado un premio por (　　) (　　　　) que son.

3) César no quiere volver a casa a pesar de que sus padres están preocupados.
= César nunca vuelve a casa a pesar de (　　) (　　　　) que están sus padres.

3. 次のそれぞれの文を、下線を引いた語（目的語）を主語（主題）にした「難易構文」にします。_____ に適切なスペイン語を入れなさい。

1) Es difícil encontrar el verdadero amor.

→ El verdadero amor es difícil _____ encontrar.

2) Es imposible abrir esta caja fuerte.

→ Esta caja fuerte es imposible _____.

3) No es fácil creerlo.

→ _____ no es fácil _____.

4) Es muy difícil solucionar el problema de la inmigración ilegal.

→ _____.

Apéndice

Apéndice I
第5課
＜比較級の基本的用法＞

1. 優等比較（más ～ que...）

・más + 形容詞

Tu hermano es **más** alto **que** tú.

Este libro es **mejor que** ese.（más + bueno → **mejor**）

Mi móvil es **peor que** el tuyo.（más + malo → **peor**）

Pedro es **mayor que** yo.（más + grande → **mayor**「年上」）

Juan es **menor que** Pedro.（más + pequeño → **menor**「年下」）

▶物理的に大きい/小さいを表す場合には más grande/más pequeño が使われる。

Su casa es **más** grande / **más** paqueña **que** la mía.

・más + 副詞

Tu hermano corre **más** rápido **que** tú.

María canta **mejor que** su hermana.（más + bien → **mejor**）

Isabel baila **peor que** su maestra.（más + mal → **peor**）

・más

Tengo **más** libros **que** José.（más + muchos → **más**）

Eduardo duerme **más que** yo.（más + mucho → **más**）

2. 劣等比較（menos ～ que...）

・menos + 形容詞

Tú eres **menos** alto **que** tu hermano.

・menos + 副詞

Tú corres **menos** rápido **que** tu hermano.

・menos

José tiene **menos** libros **que** yo.（menos + pocos → **menos**）

Yo duermo **menos que** Eduardo.（menos + poco → **menos**）

3. 同等比較（tan + 形容詞 + como..., tanto/tanta/tantos/tantas + 名詞 + como..., tanto como...）

Juan es **tan** inteligente **como** María.（tan + 形容詞）

Juan corre **tan** rápido **como** María.（tan + 副詞）

Juan tiene **tantos** libros **como** María.（tantos + 男性可算名詞）

Juan tiene **tantas** cartas **como** María.（tantas + 女性可算名詞）

Juan ha bebido **tanto** vino **como** María.（tanto + 男性不可算名詞）

Juan ha bebido **tanta** agua **como** María.（tanta + 女性不可算名詞）

Ana estudia **tanto como** sus compañeras.（tanto「同じぐらいたくさん」）

Apéndice 2
第6課
＜関係詞の基本的用法＞

関係代名詞

＜主格＞

a) Tengo una corbata [la corbata es de seda].

a') Tengo una corbata que es de seda.

＜目的格＞

b) Tengo un diccionario [el diccionario compré ayer].

b') Tengo un diccionario que compré ayer.

c) La chica [a la chica conocí ayer] habla muy bien el español.

c') La chica que conocí ayer habla muy bien el español.

＜状況補語格＞

d) Me está esperando el señor [con el señor hablé el otro día].

d') Me está esperando el señor con quien hablé el otro día.
                                    el que

関係形容詞

e) Tengo un amigo [su madre es profesora de inglés].

e') Tengo un amigo cuya madre es profesora de inglés.

関係副詞

f) Esta es la casa [ahí nació tu padre].

f') Esta es la casa donde nació tu padre.

g) María se sorprendió de la manera [así lo hicieron].

g') María se sorprendió de la manera como lo hicieron.

h) A las dos, [entonces hacía más calor], salimos de casa.

h') A las dos, cuando hacía más calor, salimos de casa.

Apéndice 3
第11課
＜直説法の複合時制のまとめ＞

1. 直説法現在完了

1) Pedro ya **ha terminado** los deberes.

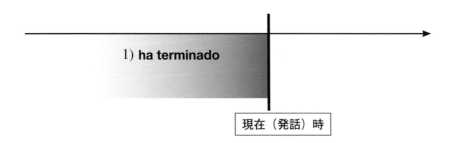

2. 直説法過去完了

2) Cuando llegué a casa, el programa ya **había terminado**.

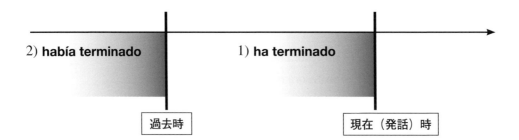

3. 直説法未来完了

3) Pedro **habrá terminado** el trabajo para mañana.

3')Mi hijo ya lo habrá terminado a estas horas.（現在完了の推量：「〜だろう」）

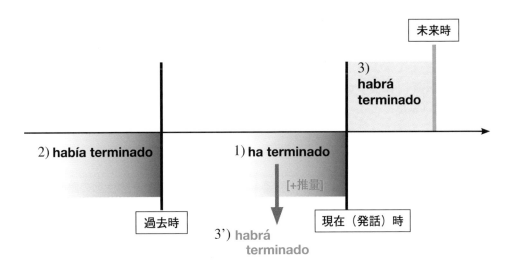

4. 直説法過去未来完了

4) Felipe dijo que lo **habría terminado** para el día siguiente.

4')Cuando volví, mi hijo ya lo habría terminado.（過去完了の推量：「〜だろう」）

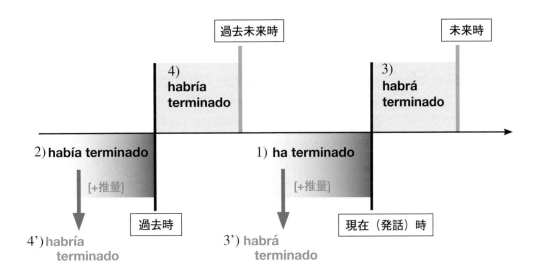

▶非現実条件文の帰結節における用法（→ Lección 13, 2 参照）

Apéndice 4

第12課　直説法と接続法の選択（名詞節・名詞修飾節）のまとめ

直説法	接続法
直接目的語節	
「事実・確信」「伝達」「感覚」の意味をもつ主節の動詞（表現） Creo que **viene**. Veo que **se ha equivocado.**	「事実・確信」「伝達」「感覚」の意味をもつ主節の動詞（表現）の否定・「疑惑」の動詞（dudar） No creo que **venga**. Dudo que **tenga** hambre.
Juan me dice que **va** a España. 　　　　（「伝達」の decir）	「願望・命令」などの意味をもつ主節の動詞（表現） Quiero que **venga**. Espero que **estés** bien. Juan me dice que **vaya** a España.（「命令」の decir）
Siento que **tengo** catarro.（感じる）	「感情」の意味をもつ主節の動詞（表現） Me alegro de que **estés** bien. Siento que **tengas** catarro.（残念に思う）
主語節	
「事実・確信」の意味をもつ主節の動詞（表現） （「本当だ」「確かだ」「明らかだ」「実は」） Es cierto que **viene** mi jefe mañana. Es que no me **gusta** viajar.	「事実・確信」以外の意味をもつ主節の動詞（表現） （「価値判断」や「可能性」など） Es importante que **vaya** ella misma. Es posible que **esté** en casa. 「事実・確信」表現（「本当だ」「確かだ」「明らかだ」「実は」）の否定 No es cierto que **venga** mi jefe mañana. No es que no me **guste** viajar.
名詞修飾節	
「事実・確信」の意味をもつ名詞 No hay duda de que él **es** inocente.	「事実・確信」以外の意味をもつ名詞 （「願望」「感情」「価値判断」「疑惑」「時」「条件」など） Tengo miedo de que **ocurra** un terremoto. Hay posibilidad de que ella **llegue** tarde. Ya es hora de que **te vayas** a la cama.

Apéndice 5

第13課　直説法と接続法の選択（副詞節）のまとめ

直説法	接続法
Si 条件文（現実的条件） Si lo **tengo**, te lo prestaré.	**Si 条件文**（非現実的条件） 「反事実」 Si yo **fuera** tú, no lo **haría**.（現在） Si **hubiera hecho** buen tiempo, 　**habría** ido a la playa.（過去） 「実現困難」 Si **viniera** mi padre mañana, 　**iría** con él.（未来）
「時」：cuando など （事実：過去の事柄や現在の習慣） Me gusta salir cuando **hace** fresco.	「時」：cuando など （仮定的な事柄＝未来の事柄） Voy a salir cuando **haga** fresco. ただし、 **antes de que** Siempre me despertaba antes de que 　**sonara** el despertador.
「譲歩」aunque など （＝現実的譲歩：「〜だけれども」） Aunque **hace** buen tiempo, no voy a salir.	「譲歩」aunque など （仮定的譲歩：「たとえ〜でも」） Aunque **haga** buen tiempo, no voy a salir.
「結果」de [tal] manera/modo que Habló de [tal] manera que lo **entendí** bien.	「様態」de [tal] manera/modo que Habló de [tal] manera que lo **entendiera** bien.
	「目的」para que など、「条件」con tal [de] que など、「否定」sin que（＝仮定的） Voy a abrir la ventana para que **entre** 　el viento. Voy con tal [de] que **venga** ella. Salí sin que me **viera** nadie.
	「比喩」como si 〜 （接続法過去と過去完了のみ） María baila como si **fuera** una mariposa. Juan está pálido como si **hubiera visto** 　un fantasma.
「原因」como, porque, puesto que, ya que Como **está** enfermo, hoy no viene. No puede entrar porque **tiene** menos de 20 años. Puesto que **eres** el mayor, tienes que ir solo. Ya que **sabes** el secreto, no puedes salir de aquí.	

中級スペイン語文法 改訂版　−ミニ会話付−

検印省略	© 2012年1月15日	初版発行
	2022年3月10日	第6刷発行
	2023年1月30日	改訂初版発行

監　修　　　　　　　　宮　本　正　美
著　者　　　　　　　　辻　井　宗　明

発行者　　　　　　　　小　川　洋一郎
発行所　　　　株式会社　朝　日　出　版　社
101-0065　東京都千代田区西神田3-3-5
電話　03-3239-0271/72
振替口座　00140-2-46008
http://www.asahipress.com/
組版　クロス・コンサルティング/印刷　信毎書籍印刷

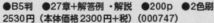